MARIA SERDARUSIC

Gesunde Snacks FÜR KINDER

SCHNELLE UND EINFACHE REZEPTE FÜR JEDEN TAG

BASISWISSEN

Das Einmaleins DER GESUNDEN Snacks

Vorwort 5

Warum der kleine Hunger ruft 8
Der ideale Snack für Zwischendurch 9
Snacks am liebsten süß? 11
Umgang mit Süßigkeiten – Alltagstipps 14
Was tun bei „Picky Eating“ 16
Meine liebsten Basics 18
Augen auf beim Einkauf 20
Schon gewusst? Fragen an Maria 22
Kleiner Exkurs „Baby-led Weaning“ 24

REZEPTE

Snacktime für KLEINE & GROSSE Genießer

Herzhafte Snacks	**30 – 63**
Müsliriegel	50
Süße Snacks	**64 – 97**
Overnight-Oats und Oat-Muffins	66
Energie-Kugeln	78
Joghurt im Glas	106
Snacks für besondere Anlässe	**98 – 113**
Lunchbox-Ideen	114

Register & Quellen	118
Adressen & Links	123
Impressum	124

VORWORT

„Mama, ich habe Hunger!" Du bist gerade unterwegs und eine gesunde Zwischenmahlzeit ist nicht in Reichweite? Eine Alltagssituation mit Kindern, die dir sicher bekannt vorkommt. Oder: „Mama, ich will was Süßes!" In diesen Situationen greifen wir gerne auf Snacks zurück, ob selbst gemacht oder gekauft. Das ist auch gut so, denn Kinder benötigen kleinere Zwischenmahlzeiten, da sie noch wachsen und einen höheren Energiebedarf haben. Snacks sind super praktisch, um den kleinen Hunger zwischendurch zu stillen. Sie lassen sich mit wenigen Zutaten zubereiten und sind vielseitig einsetzbar, z. B. als Zwischenmahlzeit, Nachtisch, zum Picknick oder für die Brotbox. Natürlich soll der Fokus für eine gesunde, ausgewogene Ernährung bei Kindern immer noch auf den Hauptmahlzeiten liegen. Eine vitamin- und mineralstoffreiche Hauptmahlzeit aus frischen Zutaten liefert deinem Kind alle wertvollen Nährstoffe, die es fürs Wachstum braucht. Gesunde Snacks tragen ebenfalls zur Nährstoffversorgung bei und schenken deinem Kind zwischendurch vor allem die nötige Energie, um Tag für Tag gut spielen und lernen zu können.

Im ersten Teil dieses Buches findest du hilfreiche Infos über Kindersnacks und meine Erfahrungen und Tipps dazu. Du erfährst auch, warum Kinder Süßes lieben. Damit möchte ich dir vor allem den Druck nehmen, deinem Kind Süßigkeiten komplett zu verbieten. Denn sie sollen nicht grundsätzlich darauf verzichten, sondern lernen, damit gesund umzugehen. Wie das funktioniert? Kinder lernen schon von Geburt an durch Nachahmung, das heißt, du lebst deinem Kind vor, wie du mit Süßem umgehst. Also eigne dir mit diesem Buch Wissen an, wie du einen nahrhaften Snack zubereitest – für dich und dein(e) Kind(er).

Im zweiten Teil des Buches findest du meine Snack-Rezepte: Sie sind eine Sammlung aus der Beikostzeit, aus dem Kleinkindalter und aus der heutigen Zeit mit einem etwas größeren Kind (4 Jahre). Die Rezepte kannst du stressfrei und einfach im Familienalltag zu- oder vorbereiten. Außerdem haben meine Snacks keine langen und komplizierten Zutatenlisten. Vieles davon hast du sicherlich schon in deinem Vorratsschrank stehen. Die Rezepte schmecken nicht nur Kindern, sondern der ganzen Familie.

Ich wünsche dir viel Freude beim Nachmachen. Lass dich von mir inspirieren, sei beim Zubereiten kreativ. Meine Rezepte kannst du ganz nach eurem Geschmack abwandeln oder mit anderen Snacks kombinieren. Am meisten Spaß macht es, wenn du dein Kind beim Zubereiten mit einbindest; so erhöhst du die Bereitschaft, Neues zu probieren, und zudem lernen die Kleinen eine Menge über Lebensmittel. Lasst es euch schmecken!

Deine Maria

BASISWISSEN

Das Einmaleins DER GESUNDEN Snacks

ZWISCHENMAHLZEITEN GEHÖREN IM FAMILIENALLTAG EINFACH DAZU – UND SELBST GEMACHTE SNACKS SIND DABEI AM BESTEN. ICH ZEIGE DIR, WORAUF ES DABEI ANKOMMT UND WIE DU DEIN KIND DAMIT SATT UND GLÜCKLICH MACHEN KANNST.

WARUM

der kleine Hunger ruft

Babys und Kleinkinder benötigen kleinere Zwischenmahlzeiten, da sie wegen des Wachstums einen hohen Energiebedarf haben und sich zudem viel bewegen. Zwischenmahlzeiten sorgen dafür, dass der Blutzuckerspiegel konstant gehalten wird und die Kinder somit über einen längeren Zeitraum leistungsfähiger und konzentrierter sind.

Die erste Zwischenmahlzeit für kleinere und ältere Kinder ist als Vormittagssnack gedacht, z. B. im Kindergarten oder in der Schule. Die zweite Zwischenmahlzeit am Nachmittag füllt ebenfalls die Energiespeicher der Kinder auf, sodass sie prima bis zum Abendessen durchhalten.

»KLEINKINDER SOLLTEN IHRE MAHLZEITEN IN EINEM REGELMÄSSIGEN RHYTHMUS BEKOMMEN (Z. B. 3 HAUPTMAHLZEITEN UND 2 KLEINERE ZWISCHENMAHLZEITEN). MAHLZEITEN WECHSELN SICH MIT ESSENSFREIEN ZEITEN AB.«

BUNDESANSTALT FÜR LANDWIRTSCHAFT UND ERNÄHRUNG (BLE) [1]

DER IDEALE

Snack für Zwischendurch

Zwischenmahlzeiten sollen dein Kind also mit wichtigen Nährstoffen und Energie versorgen und sättigen, ohne den Hunger für die nächste Hauptmahlzeit zu nehmen. Je nach Hunger oder Bewegung deines Kindes kannst du die Zwischenmahlzeit so anpassen, wie dein Kind es braucht. Denn jedes Kind is(s)t verschieden.

Geeignete gesunde Snacks bestehen idealerweise aus einem ausgewogenen Mix: **Kohlenhydrate**, **Protein** und/oder **Fett** (siehe Illustration nächste Seite). Diese Kombination sorgt auch dafür, dass die **Kohlenhydrate**, die ja für schnelle Energie sorgen, den Blutzuckerspiegel keine Achterbahn fahren lassen. Wenn du dabei Vollkornprodukte wählst, tut das dem Blutzuckerspiegel ebenfalls gut und dein Kind wird mit Ballaststoffen versorgt, die für eine gute Verdauung unerlässlich sind. Neben Getreide sind auch Obst und Gemüse (nicht als Saft!) eine gute Quelle für Kohlenhydrate und Ballaststoffe.

Protein, z. B. aus Milchprodukten, Käse, Ei, Fleisch, Nüssen oder Tofu, sättigt gut und ist u. a. für den Muskelaufbau wichtig. **Gute Fette** sind in hochwertigen Pflanzenölen oder Nüssen zu finden – sie sind z. B. für das Immunsystem wichtig und unterstützen die Aufnahme von fettlöslichen Vitaminen. Besonders praktisch im stressigen Alltag sind Lebensmittel, die zwei Gruppen gleichzeitig abdecken: Nüsse enthalten z. B. Protein und auch gesundes Fett.

Hat dein Kind reichhaltig und ausgewogen gefrühstückt, hat es weniger Hunger auf den Vormittagssnack. Hier reicht etwas Kleines, z. B. Rohkost mit Joghurtdip, ein belegtes Brot oder ein Pancake mit Obststücken. Wenn dein Kind sich über den Tag viel bewegt hat, ist ein Nachmittagssnack mit Kohlenhydraten, z. B. ein Getreideprodukt, notwendig, um die Energiespeicher rasch wieder aufzufüllen.

Süße Snacks werden allgemein am liebsten verzehrt, das kennen wir Großen doch auch, oder? Schließlich stecken darin viele einfache Kohlenhydrate, die schnell wieder für Energie sorgen. Aber was passiert danach? Bietest du deinem Kind nur süße Snacks mit viel Zucker oder pure Süßigkeiten an, steigt der Blutzuckerspiegel stark an und fällt rapide wieder ab. Durch den schnellen Abfall des Blutzuckerspiegels folgt dann Heißhunger. Heißhungeranfälle haben die Folge, dass dein Kind mehrere Snacks über den Tag verlangt. Zu häufiges Snacken über den Tag – egal ob süße oder herzhafte Zwischenmahlzeiten – kann zu Übergewicht führen, das wiederum gesundheitliche Probleme bis ins Erwachsenenalter zur Folge haben kann, wie beispielsweise Diabetes mellitus Typ 2.

Zu häufiges Snacken bewirkt auch, dass dein Kind bei den Hauptmahlzeiten wenig bis kaum isst. Auch wenn Zwischenmahlzeiten für Babys und kleinere Kinder wichtig sind, solltest du

KOHLENHYDRATE

Obst und Gemüse

(Vollkorn-)Mehl

Haferflocken

(Vollkorn-)Brot

Knäckebrot, Zwieback

Trockenfrüchte

Reis, Nudeln, Kartoffeln

PROTEIN*

Milch und Käse

Quark, Joghurt, Frischkäse, Skyr

Tofu

Eier

Fleisch

GESUNDE FETTE

Raps-, Oliven-, Leinöl

Avocado

Hülsenfrüchte

Nüsse und Nussmus

Kerne und Saaten

Fetter Fisch (Lachs, Thunfisch, Makrele, Hering)

Jetzt bist du dran:

Mix and Match!

Beispiele:

Avocado + Hummus + Vollkornknäckebrot

Nüsse/Nussmus + Beeren + Joghurt

*Viele dieser Lebensmittel enthalten auch Kalzium für Knochen und Zähne. Mehr Infos zu solchen Mikronährstoffen findest du in meinem ersten Buch „Mama kocht breifrei“. Skyr bitte erst ab 1 Jahr.

es also nicht übertreiben mit der Menge und der Häufigkeit der Snacks. Unser Verdauungssystem benötigt auch Ruhephasen zur Entlastung, um optimal arbeiten zu können. Auch die Flüssigkeitszufuhr spielt eine wichtige Rolle, damit Kinder fit und leistungsfähig sind. Dabei ist Wasser der allerbeste Durstlöscher – pro Tag sollten es laut DGE (Deutsche Gesellschaft für Ernährung) 940 ml für Kinder im Alter von 4 bis unter 7 Jahren sein.

Die gesunden Snacks in diesem Buch sind nicht nur als kleine Stärkung zwischendurch gedacht: Du kannst sie auch bei anderen Gelegenheiten servieren, z. B. als Vorspeise oder Nachspeise, Frühstück oder Brunch, zum Picknick, beim Kindergeburtstag und natürlich in der Brotbox unterwegs, in der Kita oder Schule.

Snacks

AM LIEBSTEN SÜSS?

Das häufige Naschen von Süßigkeiten über den Tag führt nicht nur zu überflüssigen Pfunden und gesundheitlichen Problemen, sondern auch zu Unausgeglichenheit, Reizbarkeit und Konzentrationsdefiziten. Süßes schadet auch der Zahngesundheit und begünstigt, dass das Belohnungssystem im Gehirn aktiviert wird, sodass Kinder ein ständiges Verlangen nach Süßem haben, um dieses Gefühl der Befriedigung zu erlangen.

Nun ist es so, dass Kinder eine angeborene Vorliebe für Süßes haben. Diese Prägung findet schon im Mutterleib durch den Geschmack des Fruchtwassers statt. Wenn Mama gerne Süßes in der Schwangerschaft gegessen hat, wird diese Süße verstärkt vom Baby wahrgenommen und es lernt, sie zu lieben. Dein Baby hat also schon vor der Geburt viele Geschmacker kennengelernt. Die Prägung der Geschmacksvorlieben entwickelt sich nach der Geburt durch Muttermilch, Säuglingsnahrung, Beikost sowie Verfügbarkeit und Gewohnheiten der familialen Esskultur weiter. Evolutionsbiologisch bedingt zeigen Kleinkinder oft eine zögerliche Akzeptanz gegenüber neuen Lebensmitteln. Dieses genetische Essverhalten wird „Neophobie“ genannt. Es ist ganz natürlich und diente in der Steinzeit als Schutzmechanismus: damals waren Kinder früher oft alleine auf sich gestellt und mussten aufpassen, was sie aßen. Sie mussten sich also auf ihre Instinkte verlassen.

Wie viel Süßes darf mein Kind essen?

Kinder unter 2 Jahren sollten möglichst nicht an süße Produkte und Süßigkeiten gewöhnt werden, um den Geschmackssinn nicht zu sehr auf „süß“ zu trimmen. Sie sollten stattdessen lieber zunächst die natürliche Süße von Früchten oder

Gemüse (wie z. B. von Möhren) erkunden. Ein kompletter Zucker- oder Süßigkeitenverzicht ist ab etwa 2 Jahren meiner Meinung nach nicht notwendig. Ein Verbieten erhöht den Anreiz und steigert somit das Verlangen nach Süßem. Ich selbst möchte meiner Tochter ein Vorbild sein und ihr einen gesunden Umgang mit Süßigkeiten vorleben und beibringen. Zucker ist für Kinder schließlich nicht verboten, sondern das eigentliche Problem ist, dass die Kinder zu viel davon essen! Und das hat, wie bereits erwähnt, gravierende gesundheitliche Folgen. Kinder über 2 Jahren sollten max. 25 g Zucker pro Tag aus verarbeiteten Lebensmitteln aufnehmen, Kinder unter 2 Jahren am besten keinen. Diese Menge entspricht ungefähr 8 Stückchen Würfelzucker à 3 g (siehe Illustration unten).

Eine einfache Orientierung ist das „Handmaß“: Für dein Kind sind so viele Süßigkeiten pro Tag okay, wie in seine hohle Hand passen.

Ausnahmen dürfen sein

Bei besonderen Anlässen wie Weihnachten, Ostern, Kindergeburtstagen oder bei den Großeltern kann es gut sein, dass dein Kind mehr Süßes als sonst isst. Für manche Eltern ist es eine große Herausforderung, damit umzugehen. Mach dir klar, dass diese Situationen Ausnahmen sind. Du kannst auch gerne Regeln dafür mit deinem Kind festlegen. Beispielsweise, wenn es auf einem Kindergeburtstag eingeladen ist, gibt es zu Hause keine weiteren Süßigkeiten.

Meine Tipps

★ **Einladungen zu Festen:**
Ich biete dann immer Unterstützung an und frage, ob ich etwas zu Essen mitbringen kann. Dann backe ich gerne etwas Gesundes, das ohne (raffinierten) Zucker auskommt.

★ **Besuch bei den Großeltern:**
Ich selbst stehe oft vor diesem Problem, dass meine Tochter viel Süßes bei den Großeltern bekommt. Wenn das auch bei euch so ist, solltest du mit den Großeltern respektvoll darüber sprechen. Omas und Opas lieben ihre Enkelkinder und wollen wie du eigentlich nur das Beste für dein Kind. Und „das Beste für das Kind" ist ein reduzierter Zuckerkonsum, was für die Entwicklung deines Kindes wichtig ist. Manchmal reicht nur eine kurze lieb gemeinte Aufklärung darüber, dass du als Elternteil gewisse Regeln in Bezug auf Süßigkeiten zum Wohl des Kindes aufgestellt hast.

Gesund süßen

Am natürlichsten süßt du mit frischem Obst wie Banane, Birne, Mango oder Obstpüree (Apfel-, Birnenmark). Gut zu wissen: Apfel- oder Birnenmark enthält keinen zugesetzten Zucker, im Gegensatz zu „Mus" oder „Kompott"! Auch Trockenfrüchte wie Rosinen oder Aprikosen bringen eine natürliche Süße in Kuchen, Muffins oder Kekse. Trockenobst hat eine intensive Süßkraft. Es liefert darüber hinaus auch Ballaststoffe, Vitamine und Mineralstoffe. Aber auch Zucker - deshalb auch Trockenfrüchte nur in Maßen verzehren.
Ich nutze auch Gewürze wie Vanille, Ceylon-Zimt oder entöltes Kakaopulver, weil sie ein wohlschmeckendes und süßlichen Aroma bringen.

Sind Zuckeralternativen gesund?

Im Laden findest du neben dem normalen Haushaltzucker auch viele andere Süßungsmittel, z. B. Honig, Reissirup, Ahornsirup, Kokosblütenzucker, Agavendicksaft und viele weitere. Oft werden sie als gesünder deklariert, aber unterm Strich sind sie nichts anderes als Zucker und bieten keine gesundheitlichen Vorteile.

Sparsam solltest du auch mit Süßstoffen und Zuckeraustauschstoffen wie Birkenzucker (Xylit) und Erythrit umgehen. Es sind zwar kalorienfreie bzw. -arme Süßungsmittel, jedoch kann eine größere Verzehrmenge gerade bei Kindern Verdauungsbeschwerden auslösen und die Darmflora durcheinanderbringen.

Fazit: Am besten setzt du alle Süßungsmittel nur sparsam ein. Das beugt nicht nur Karies und Co. vor, sondern auch einer Gewöhnung an die Geschmacksrichtung „süß".

Wann ist die beste Zeit zum Naschen?

Süßes am besten direkt nach einer Hauptmahlzeit anbieten. Dann steigt der Blutzuckerspiegel dank der reichhaltigen, ballaststoffreichen Hauptmahlzeit weniger stark an und fällt nicht rapide wieder ab. Außerdem wird dein Kind sicher weniger Süßes naschen, weil es schon satt ist: Die Süßigkeit ist dann wirklich nur noch ein kleines Extra zum Nachtisch.

UMGANG MIT SÜSSIGKEITEN – ALLTAGSTIPPS:

1

Position beziehen

Bevor du Süßigkeiten-Regeln im Familienalltag integrierst, ist eine klare Haltung von dir und deinem*r Partner*in wichtig. Was zählt für euch als Süßigkeit? Wie viel Süßes darf es täglich sein? Welche Ausnahmen gibt es am Wochenende, bei Feierlichkeiten?

2

Vorbild sein

Wenn dein Kind sieht, dass du häufig Süßes verspeist, möchte es auch gerne Süßes essen. Naschst du nebenbei oder genießt du das süße Extra mit allen Sinnen? Auch das registriert dein Kind. Deshalb solltest du ein gutes Vorbild sein und Süßigkeiten sparsam und bewusst konsumieren. Lass daher auch dein Kind am besten ohne Ablenkung und am Tisch die Süßigkeiten bewusst genießen.

3

Rituale

Kinder mögen Rituale, sie geben Sicherheit und strukturieren den Tag. Wenn du den Verzehr und die Menge von Süßigkeiten ritualisierst, hat dein Kind danach in der Regel kein hohes Verlangen nach mehr. Ein Beispiel: Dein Kind hat eine eigene Süßigkeiten-Box und kann sich daraus jeden Tag nach dem Mittagessen oder zu einem gesunden Snack dazu eine Handvoll nehmen. Positiver Nebeneffekt: Feste Naschzeiten steigern die Vorfreude und den Genuss. Wenn Süßigkeiten Bestandteil eurer Familienküche sind, lernt dein Kind auch für später, bewusst zu naschen und dass Süßes in Maßen zu einer ausgewogenen Ernährung dazugehört.

4

Süßigkeiten-Aufteilung

Bei Kindern ab 4 oder 5 Jahren kann eine Wochenration helfen, für die Kinder Süßes selbst auswählen und sich einteilen. Sie essen entweder jeden Tag eine Portion, alle zwei Tage eine größere Portion oder mehrere Portionen auf einmal. So lernen sie früh selbstständig den Umgang mit Süßigkeiten.

5

Versuchungen meiden

Die Verlockung ist zu groß, wenn Süßigkeiten in Sichtweite sind. Deshalb verstaue sie an einem Ort, der für dein Kind nicht sichtbar oder schwer zugänglich ist. Beim Einkaufen lockt spätestens im Kassenbereich die „Quengelware". Um Stress zu vermeiden hilft z. B.:

- Schon zu Hause in Ruhe mit dem Kind sprechen, etwa darüber, dass nicht automatisch bei jedem Einkauf etwas Süßes dabei sein wird.
- Nicht mit einem hungrigen Kind einkaufen! Nimm bei längeren Einkaufstouren ein paar Apfelstücke, Möhrensticks oder einen gesunden Snack aus diesem Buch als Erste-Hilfe-Maßnahme gegen den knurrenden Magen mit.
- Bettelt dein Kind vor dem Süßigkeitenregal oder vor dem Bäcker nach einer Nascherei, obwohl zu Hause noch Leckereien im Vorrat sind? Dann wiederhole freundlich, aber bestimmt: „Nein, wir haben zu Hause noch genug".
- Bewahre die Ruhe – auch wenn es nicht immer leicht ist! Kinder haben ganz schnell raus, dass beharrliches Nachfragen oder sogar Wutanfälle die Eltern doch einlenken lassen.

6

Vielfalt meiden

Wir haben zu Hause immer die gleichen Sorten an Süßigkeiten, denn sobald unterschiedliche Sorten dazukommen, wächst das Verlangen, alles zu probieren.

7

Klare Regeln für den Alltag aufsetzen

Was soll in deiner Familie gelten? Z. B.:

- Marmelade gibt es nur zum Frühstück.
- Süße Getränke wie Limonade gibt es nur bei besonderen Anlässen.
- Süßes gibt es nach den Hauptmahlzeiten, nicht davor.
- Süßigkeiten dienen dem Genuss und sollen keinen Hunger stillen.

8

Vieles selber machen – Meal Prep

In diesem Buch findest du verschiedene Snack-Rezepte, die du selbst schnell und einfach zubereiten kannst, z. B. Fruchtjoghurt, Riegel, Smoothies oder sogar Nicecream. Außerdem findest du viele Backwaren wie Muffins oder Waffeln, die sich super schon am Vortag zubereiten oder auch einfrieren lassen. So hast du auf Vorrat immer einen gesunden Snack für zwischendurch parat.

9

Süßigkeiten als Belohnung und Beruhigung

Belohne dein Kind nicht mit Süßigkeiten für gutes Verhalten oder setze Süßes nicht als Druckmittel ein. Ein Kind versteht früh, dass Anerkennung und Zuwendung der Eltern mit Süßem verknüpft sind – dieses Essverhalten ist für Kinder sehr prägend und schadet dem späteren Essverhalten: Im späteren Leben können sie unter emotionalem Essen oder Übergewicht leiden.

WAS TUN BEI

»Picky Eating«

Ein Snack kann noch so ideal zusammengestellt sein – nicht jedes Kind wird ihn essen. Das manchmal wählerische Essverhalten, auch „Picky Eating“ bei Kindern genannt, treibt Eltern oftmals zur Verzweiflung. Das Kind isst kein Gemüse oder möchte wochenlang nur das Gleiche essen. Es ist völlig normal, dass Kinder wochenlang Lieblingsgerichte haben, die dann auf einmal abgelehnt werden, oder grünes Gemüse (Steinzeit-Instinkt: unreif, bitter, giftig) verschmäht wird. Was kannst du tun, wenn dein Kind so mäkelig beim Essen ist? Erstmal akzeptieren, dass dein Kind sich in einer völlig normalen Entwicklungsphase befindet, der „Autonomiephase“. Dein Kind möchte in dieser Phase selbst entscheiden, was es isst, aber zeitgleich hat es Angst vor Neuem (Neophobie). Deshalb ist es wichtig, dass Eltern in dieser Phase dieses Verhalten erkennen, akzeptieren und entspannt bleiben, wenn das Kind mal etwas nicht essen mag. Auch wenn das schwerfällt! Keine Sorge, dieses wählerisches Essverhalten bei Kleinkindern geht bis zum Schulalter zurück. Das hilft bei „Picky Eatern“:

Mit gutem Beispiel vorangehen

Erwarte nicht von deinem Kind, neue Lebensmittel zu probieren, wenn du es auch nicht machst. Dein Kind lernt auch hierbei durch Nachahmung! Bei wählerischem Essverhalten brauchen Kinder Sicherheit, damit „unbeliebte“ Lebensmittel zur Gewohnheit werden. Durch wiederholtes Anbieten verschmähter Lebensmittel werden Kinder mit der Zeit offener, Neues zu probieren, weil es nicht mehr unbekannt ist. Biete „unbeliebte“ Lebensmittel auch mal in verschiedenen Varianten an, z. B. gebacken, gebraten, roh, kalt oder warm. Denn es braucht Zeit – bis zu 12 Wiederholungen! –, bis dein Kind sich an den Geschmack von ungewohnten Lebensmitteln gewöhnt hat und diese akzeptiert. Mein Erfahrungsstipp: Gib nicht zu früh auf, Unbeliebtes anzubieten, sonst wird das

> »ELTERN SOLLTEN NEUE LEBENSMITTEL/SPEISEN (WIE GEMÜSE, OBST, VOLLKORNPRODUKTE ETC.) MEHRFACH UND OHNE ZWANG ANBIETEN UND EINE MÖGLICHERWEISE ZEITWEILIGE ABLEHNUNG DES KINDES AKZEPTIEREN. WIEDERHOLTES PROBIEREN ERHÖHT DIE AKZEPTANZ VON NEUEN LEBENSMITTELN/SPEISEN.«

MONATSSCHRIFT KINDERHEILKUNDE 170[2]

passieren: „Mein Kind isst keinen Brokkoli, also biete ich ihn nicht an". Das kenne ich nur zu gut, das geschieht unbewusst. Denn für Eltern ist „Picky Eating" ein sehr emotionales Thema und sie machen sich Sorgen, dass ihr Kind nicht ausgewogen mit Nährstoffen versorgt ist. Wenn das Kind jedoch nur die Lebensmittel bekommt, die es gerade mag, hat es nicht die Möglichkeit, neue Lebensmittel kennenzulernen und auch diese irgendwann zu mögen. Also: Animiere dein Kind, Neues zu probieren, ohne Druck und Zwang. Wenn du selbst die Lebensmittel, die dein Kind erstmal verschmäht, mit Genuss und Freude isst, bist du das beste Vorbild!

Gute Kombi auf dem Teller

Eine tolle Möglichkeit, deinem Kind neue Lebensmittel anzubieten, ist, wenn du beliebte Lebensmittel mit unbeliebten kombinierst. Achte darauf, dass dein Kind immer gut mit seinen gesunden Lieblingslebensmitteln versorgt ist. Biete diese dann einfach zusammen mit „neuen" Lebensmitteln an. So vermeidest du Wutanfälle am Esstisch. Denn ein hungriges Kind möchte erstmal etwas Bekanntes essen! Biete Neues in kleinen Portionen an und am besten so, dass sie neben den beliebten Lebensmitteln auf dem Teller liegen. Lass dein Kind, wenn es möchte, neue Lebensmittel genau ansehen, befühlen oder an ihnen riechen, bevor es Richtung Mund geht.

Gemeinsam Mahlzeiten vorbereiten

Zusammen den Tisch zu decken, Gemüse zu schnippeln und zu kochen macht den Kleinen großen Spaß! Beziehe dein Kind beim Kochen ein und übertrage ihm altersgemäße Tätigkeiten – das fördert nicht nur die motorischen Fähigkeiten, sondern steigert auch das Interesse gegenüber neuen Lebensmitteln. Mit älteren Kindern kannst du den Essensplan und Einkauf für die Woche gemeinsam planen. Kinder mögen es, mitentscheiden zu können. Das Mithelfen sorgt für ein Gefühl der Zugehörigkeit, zusätzlich lernen Kinder dabei die ersten Grundlagen der gesunden Familienküche.

MEINE LIEBSTEN Basics

Viele Grundzutaten wie Haferflocken oder Nüsse hast du für gesunde Snacks sicher im Vorrat – ich verrate dir hier noch meine absoluten Lieblingslebensmittel, die oft bei meinen Snacks zum Einsatz kommen, und, worauf du beim Einkauf achten solltest:

Apfelmark/Birnenmark: Im Gegensatz zu „Mus" oder „Kompott" enthält Fruchtmark keinen zugesetzten Zucker. Ein Blick auf die Zutatenliste hilft im Zweifel!

Nussmus: Hochwertiges Nussmus besteht zu 100 % aus Nüssen und ist eine tolle Quelle für gutes pflanzliches Eiweiß und wertvolles Fett. Es gibt jedoch solches, das mit Zucker, Salz oder anderen Zusätzen versehen ist – das ist für die gesunde Familienküche ungeeignet.

Kakaopulver: Schwach oder stark entöltes Kakaopulver bzw. Backkakao sorgen für schokoladigen Geschmack ohne Zucker. Stark entölter Kakao enthält weniger Fett und löst sich in Wasser oder Milch leichter auf. Achtung: Trinkkakao ist nicht dasselbe, er enthält unter anderem auch Zucker!

Ceylon-Zimt: Statt Cassia-Zimt nehme ich nur Ceylon-Zimt. Mehr dazu findest du auf S. 22.

Ungesüßte Pflanzendrinks: Wer Kuhmilch ersetzen möchte, kann zu Pflanzendrinks greifen. Doch sie sind oft mit Zucker oder Aromastoffen versetzt, schau beim Einkauf genau aufs Etikett und wähle nur die ungesüßte Variante.

Passata: Das pure Tomatenpüree ist die Basis für selbst gemachte Saucen und kommt ohne Zucker und Zusätze aus, wie sie oft in gekaufter Tomatensauce zu finden sind.

Ungeschwefelte Trockenfrüchte (siehe auch S. 22): Machen sich beispielsweise als natürliches Süßungsmittel beim Backen hervorragend. Aus Datteln mache ich übrigens gerne Dattelpaste, die vielem eine angenehme Süße verleiht (siehe S. 96).

Pflanzenöl: Da verwende ich gerne Rapsöl oder Olivenöl. Für kalte Speisen oder zum sanften Braten kannst du kalt gepresstes Öl verwenden. Für höhere Temperaturen ist nur raffiniertes Öl geeignet.

Salzfreie Gemüsebrühe: Zum Würzen verwende ich auch gerne eine hochwertige Instant-Gemüsebrühe ohne Salz, die somit auch für BLW-Anfänger geeignet ist.

Zartbitterschokolade (85 % Kakaoanteil): In ihr stecken gesunde Pflanzenstoffe und sie schmeckt nicht so süß wie Milchschokolade. Trotzdem ist sie wie jede Schokolade natürlich ein süßes Extra und dein Kind sollte nur maßvoll davon naschen. Zum Verfeinern von süßen Gerichten ist die herbe Schoki gut geeignet.

Um Zeit zu sparen:
Neben der Standard-Küchenausrüstung habe ich mir ein paar praktische Helfer zugelegt, die für die schnelle Küche unentbehrlich sind:
Hochleistungsmixer: Im Handumdrehen kannst du damit harte Lebensmittel wie Nüsse, Samen oder zähe Trockenfrüchte fein hacken. Auch für die Zubereitung von Nicecream (siehe S. 71), wo gefrorene Bananenscheiben zum Einsatz kommen, ist er unschlagbar!
Blitzhacker und Stabmixer: Sie sind ideal, um kleinere Mengen zu pürieren und bieten sich für die Zubereitung von Pesto oder Hummus an.
Backpapier-Trick: Für Rezepte mit Kastenform mache ich das Backpapier unter dem Wasserhahn nass und knülle es dabei zusammen. Kurz trocken schütteln – und schon lässt sich die Backform ganz leicht damit auskleiden.

Tiefgekühltes Obst und Gemüse (ohne Gewürze u. Ä.): Man spart sich das oft lästige Putzen und hat auch außerhalb der Saison Brokkoli und Co. zur Verfügung. Außerdem wird dieses Obst und Gemüse erntefrisch eingefroren und ist ein gesunder Nährstofflieferant.

Eiswürfelform: Darin lassen sich z. B. Dattelpaste oder Tomatensauce ganz unkompliziert auf Vorrat einfrieren. So kannst du bei Bedarf auch kleinere Mengen entnehmen.

Silikonbackformen (v. a. für Muffins): Bei ihnen sparst du dir das Einfetten und das Gebäck kommt nach dem Backen kinderleicht aus der Form. Sie lassen sich auch leicht reinigen.

Snacks unterwegs sicher transportieren: Ideal sind bruchsichere und hochwertige Lunchboxen aus Edelstahl: Sie sind frei von Weichmachern und Schadstoffen wie z. B. BPA (Bisphenol A), die sich in Lebensmittel anreichern können. Edelstahlboxen sind leicht, stabil und je nach Modell auslaufsicher. Ein Nachteil ist der hohe Preis, jedoch punkten hochwertige Edelstahlboxen mit ihrer Langlebigkeit. Weitere gute Transportmöglichkeiten sind Lunchboxen aus schadstofffreiem Kunststoff, Butterbrottüten aus Papier, Glasbehälter oder wiederverwendbare Bio-Bienenwachstücher.

AUGEN AUF BEIM Einkauf

Kinderlebensmittel kommen in schönen, bunten Verpackungen daher, gerne mit bekannten Comicfiguren und/oder einem Spielzeug versehen, was Kinder magisch anzieht. Als besonderer Snack oder Nascherei sind sie kein Problem, aber sie sollten die Ausnahme bleiben. Die scheinbar gesunden Produkte werden oft als „zuckerarm", „zuckerfrei" „mit natürlicher Süße" usw. gekennzeichnet. Das gibt den Eltern beim Kauf ein gutes Gefühl. Aber schau mal auf die Zutatenliste: Du wirst erstaunt sein, wie oft sich diese Produkte als Zuckerfalle entpuppen!

Je weiter vorne eine Zutat in der Liste steht, desto mehr ist davon im Produkt enthalten. Oft gibt es für Zucker andere Bezeichnungen. „Natürliche Traubensüße" klingt z. B. toll, ist aber auch einfach nur Zucker! Und wenn ein Produkt „zuckerfrei" ist, enthält es oft Süß- oder Zuckeraustauschstoffe, z. B. Xylit, Sorbit, Mannit, Aspartam oder Saccharin. Sie können jedoch Beschwerden wie Blähungen, Durchfall oder Bauchweh bei Kindern auslösen. Weiterer Nachteil der gesüßten Kinderprodukte: Die Kleinen gewöhnen sich so sehr daran, dass schwach gesüßte, selbst gemachte Speisen häufig abgelehnt werden.

Meine Tipps

★ **Timing ist alles!** Gehe nicht mit einem hungrigen Kind aus dem Haus. Biete ihm zuvor zu Hause eine Zwischenmahlzeit an, außer ihr plant ein Picknick.

★ **Nimm für unterwegs immer einen schnellen Snack mit.** Eine Banane, Maiswaffeln, Mini-Dinkelbrezeln ohne Streusalz, Trockenobst, für ältere Kinder Nüsse oder selbst gemachte Riegel (siehe S. 50-51) und Energie-Kugeln (siehe S. 78-79) sind gute Optionen.

★ **Kaufe Kindersnacks in Maßen und schau genau hin.** Je kürzer die Zutatenliste ist, desto besser! Am besten machst du Snacks selbst, da weißt du genau, was drin ist.

Dieses Buch unterstützt dich dabei, leckere und einfache Snacks zu zaubern. Aber es gibt natürlich auch mal Situationen im Familienalltag, in denen du auf gekaufte Snacks angewiesen bist. Auch das ist vollkommen in Ordnung, solange du auf die Menge achtest und sie deinem Kind nicht zu oft anbietest. Auch ich tue es, und schaue trotzdem, dass es nicht zur Gewohnheit wird. Auf der folgenden Seite findest du einige beliebte Kindersnacks aus dem Laden, die oft als gesunde Zwischenmahlzeit voller Vitamine beworben werden, leider jedoch meist eine Zuckerfalle sind:

SNACK-CHECK
ZUCKERFALLEN BEIM EINKAUF

Fruchtjoghurt (selber machen S. 106-107)
Viele Fruchtjoghurts haben einen hohen Zuckergehalt und einen sehr geringen Fruchtanteil. Manche liefern sogar die gesamte Tagesmenge an Zucker für Kinder! Auch die beliebten bunten „Zwerge“ sind eher gezuckerter Frischkäse, die mit gesundem Joghurt wenig zu tun haben.

Müsliriegel (selber machen S. 50-51)
Ein praktischer Snack, und weil „Müsli“ draufsteht, sind sie auch noch gesund? Leider nein! Die meisten gekauften Riegel sind eher eine Süßigkeit und enthalten oft auch reichlich Fett.

Kekse (selber machen S. 75, 107)
Bei Kindern sehr beliebt, vor allem in Dino-, Bären- oder Hasen-Form. Dinkel- oder Vollkornvarianten suggerieren „gesund“. Aber auch hier stecken viel Fett und Zucker drin und der Vollkornanteil ist oft niedrig.

„Quetschies“ (Alternative: Smoothies; siehe Buchklappen)
Fruchtpürees aus dem Quetschbeutel sind kein Snack, sondern eine Süßigkeit! Sie gelten als praktisch und gesund, aber sie enthalten viel zu viel Obst und Fruchtzucker, der den Blutzuckerspiegel hochschießen lässt. Obst in seiner natürlichen Form hingegen enthält auch noch wichtige Ballaststoffe etc. Außerdem erhöht längeres Nuckeln an den Beuteln die Kariesgefahr und weder die Kaumuskulatur noch die Geschmacksbildung werden trainiert.

SCHON GEWUSST?

FRAGEN AN MARIA

Weshalb verwendest du Weinsteinbackpulver in deinen Rezepten?
Backpulver macht Teige schön locker, herkömmliches enthält allerdings Phosphat. Dies steckt auch in Wurst, Cola und Co. und kann bei zu hoher Aufnahme ungünstig für die Nieren sein. Weinsteinbackpulver ist dagegen gesundheitlich unbedenklich.

Warum legst du auf Ceylon-Zimt Wert?
Bei Zimt verwende ich nur den hochwertigen Ceylon-Zimt. Es gibt auch den preiswerteren Cassia-Zimt, dieser besitzt jedoch einen höheren Anteil an dem natürlichen Aromastoff Cumarin. Zu viel davon kann die Leber schädigen, deshalb ist Cassia-Zimt für Babys und Kinder eher ungeeignet. Bei Gewürzen setze ich übrigens generell auf Bio-Qualität, da diese gentechnikfrei und unbestrahlt sind.

Wie ist das mit Vanille, Vanillezucker, Vanilleextrakt?
Vanille ist eins meiner Lieblingsgewürze – aber nur die echte! Die hat ihren Preis, ist aber sehr aromatisch und man benötigt nur eine kleine Menge davon. Entweder kannst du das ausgekratzte Mark von Vanilleschoten verwenden oder (schon gemahlene) pure Vanille kaufen. Nicht zu empfehlen sind jedoch Vanillezucker oder Vanillinzucker, da ihre Hauptzutat Zucker ist. Flüssiger Vanilleextrakt enthält meist Zusätze, u. a. Alkohol. Auch er ist daher für die Familienküche nicht geeignet.

Sind ungeschwefelte Trockenfrüchte gesünder?
Trockenfrüchte werden oft mit Schwefeloxid behandelt, damit sie ihre schöne Farbe behalten und länger haltbar sind. Allerdings verlieren sie dabei vor allem wichtige B-Vitamine (B_1 und Folat), außerdem kann der zugesetzte Schwefel zu körperlichen Beschwerden wie Übelkeit und Magenproblemen führen. Ungeschwefelte Trockenfrüchte in Bio-Qualität sind daher vor allem für Babys und Kinder besser geeignet. Ob die Trockenfrüchte geschwefelt wurden, muss auf der Verpackung gekennzeichnet sein.

> »BEI REGELMÄSSIGEM VERZEHR VON BIS ZU 11 MINI-REISWAFFELN ZU JE 2 GRAMM PRO MONAT IST NOCH KEIN NENNENSWERTES GESUNDHEITLICHES RISIKO ZU ERWARTEN.«

BAYERISCHES LANDESAMT FÜR GESUNDHEIT UND LEBENSMITTELSICHERHEIT[3]

Wie kann ich Eier beim Backen ersetzen?
Falls du beim Backen die Eier im Rezept austauschen möchtest, kannst du das mit einer der folgenden Zutaten tun. Pro Ei kannst du Folgendes verwenden:

- ½ zerdrückte Banane
- 70 g Apfelmark
- Leinsamen- oder Chia-Gel: 1 EL Leinsamen oder Chiasamen mit 5 EL lauwarmem Wasser anrühren und 15 Minuten quellen lassen
- 3 EL Aquafaba (steif geschlagenes Kichererbsenwasser)

Warum verwendest du zum Backen lieber Dinkelmehl Type 630?
Weizen und Dinkel sind eng miteinander verwandt. Ich verwende gerne das helle Dinkelmehl Type 630, weil es uns schmeckt. Für manche Menschen ist es besser als Weizenmehl verträglich, ich gehöre auch dazu. Mehr Nährstoffe und Ballaststoffe als jedes helles Mehl enthält jedoch Vollkornmehl, da dafür das ganze Korn vermahlen wird. Es nimmt mehr Flüssigkeit auf, daher dem Teig immer etwas mehr Wasser, Milch o. ä. zufügen. Du kannst erstmal auch nur einen Teil helles Mehl durch Vollkornmehl ersetzen, um dein Kind an den kräftigeren Geschmack des Vollkornmehls zu gewöhnen.

Sind Reiswaffeln gesund?
Reiswaffeln sind ein beliebter und praktischer Snack für unterwegs. Dabei sollte man nur zu solchen ohne Salzzusatz, Aroma oder Schokoladenüberzug greifen. Reiswaffeln sind allerdings oft mit Arsen belastet, das krebserregend sein kann. Arsen kommt natürlicherweise im Boden vor und wird von der Reispflanze gespeichert. Es ist daher auch in Reisprodukten enthalten. Im Rahmen einer ausgewogenen Ernährung kannst du deinem Kind dennoch ab und zu Reiswaffeln geben und auch Reis musst du nicht vom Speiseplan streichen. Oder du gibst stattdessen Mais- oder Linsenwaffeln, die sind laut Bayerischem Landesamt für Gesundheit und Lebensmittelsicherheit unbedenklich.[4]

KLEINER EXKURS

»Baby-led Weaning«

Du stehst mit deinem Baby kurz vor dem Beikostbeginn? Du überlegst schon, welche Rezepte du anbieten möchtest oder welche Ausstattung noch fehlt? Um mit Beikost zu starten, ist das Grundlagenwissen über die breifreie Beikost das Wichtigste. Denn je mehr Wissen du dir aneignest, desto sicherer und entspannter begleitest du dein Baby in der breifreien Beikostzeit. Am besten lässt du dich auch von deinem Kindearzt/deiner Kinderärztin dazu beraten.

Für ausführliche Infos lege ich dir mein erstes Buch ans Herz, **„Mama kocht breifrei“**. Es ist eine sehr gute Unterstützung und Inspiration für die breifreie Beikostzeit. Dort findest du alle Themen rund um Baby-led Weaning und gesunde, breifreie Rezepte für dein Baby und die ganze Familie.

Wann ist mein Baby beikostreif?

Die Weltgesundheitsorganisation (WHO) empfiehlt eine Beikosteinführung mit Erfüllen der drei Beikostreifezeichen ab dem 6. Lebensmonat. Diese sind:

Unterstütztes aufrechtes Sitzen

Das Baby ist in der Lage, mit minimaler Unterstützung (auf dem Schoß) beim Essen aufrecht zu sitzen. Für die Dauer des Essens kann das Baby den Kopf ohne Hilfe halten und eine stabile Rumpfspannung halten.

Verschwundener Zungenstoßreflex

Der Zungenstoßreflex ist komplett verschwunden oder stark abgeschwächt. Nahrungsmittel werden nicht gleich wieder mit der Zunge aus dem Mund geschoben.

Hand-Augen-Mund-Koordination

Dein Baby sieht das Essen, greift gezielt mit den Händen, hält es fest und führt es selbstständig zum Mund.

FÜR BABYS NICHT GEIGNET

Verbotene Lebensmittel:

- Alkohol und Kaffee
- kleine, harte Nüsse (als Mus oder gemahlen sind sie aber geeignet)
- Fastfood und Fertiggerichte
- sehr scharfe und gesalzene Speisen
- Light-Produkte
- roher Fisch und rohes Fleisch

Eingeschränkt geeignete Lebensmittel:

- Salatblätter und Rohkost (erst wenn das Baby Backenzähne hat und sicher kauen kann)
- zuckerhaltige Getränke und raffinierter Zucker (erst ab 2 Jahren; sollten auch dann die Ausnahme sein)
- Trauben, Cherrytomaten, Heidelbeeren (anfangs nur zerdrückt anbieten; ab Pinzettengriff längs in Streifen schneiden)
- rohes Getreide und Pseudogetreide (empfohlen ab 2 Jahren laut DGE)
- Honig und Ahornsirup (erst ab 1 Jahr, da sie mit dem Bakterium Clostridium botulinum belastet sein können, das für kleine Babys gefährlich werden kann)

Darf mein Baby das?

Babys dürfen bei dir am Tisch mitessen, wenn du ein paar Dinge beachtest:

Salz

Zu viel Salz belastet die Niere deines Babys. Für Babys im Alter von 4 bis 12 Monaten wird von der DGE eine maximale Zufuhr von 1 g Kochsalz, das sind 0,4 g Natrium, pro Tag angegeben. Das entspricht etwa der Menge in einer Toastbrotscheibe. Kleinkinder zwischen 1 und 4 Jahren sollten max. 2 g Salz pro Tag zu sich nehmen. Salze also beim Kochen wenig bis gar nicht, sondern salze für dich lieber später nach. Verwende salzarme Käsesorten wie Mozzarella, Emmentaler oder Frischkäse. Sie eignen sich als Brotaufstrich, überbacken oder in herzhaften Backwaren gut für die Beikostzeit.

Wurst

Wurstwaren enthalten zu viel Salz, sind stark verarbeitet und gewürzt. Nur wenig bis kaum sollte dein Baby davon essen. Wiener Würstchen immer längs geschnitten anbieten, um einem Steckenbleiben im Hals vorzubeugen.

Gewürze

Babys schmecken intensiver als Erwachsene, deshalb benötigen sie zunächst keine Gewürze. Geeignet sind salzfreie Kräutermischungen wie italienische Kräuter, die ich sehr gerne verwende und die zu den meisten herzhaften Gerichten passen. Frische Kräuter nur fein gehackt anbieten. Scharfe Gewürze sind ungeeignet für Babys.

Ei

Eier kannst du ab Beikost-Start durchgegart anbieten. Empfohlen sind 1 bis 2 Eier/Woche.

Fette und Öle

Hochwertiges natives Raps-, Oliven- oder Bratöl kann verwendet werden.

Milch und Milchprodukte

Im ersten Lebensjahr werden Milch und Milchprodukte mit Einführung der Beikost nur in begrenzter Menge empfohlen (etwa 200 g Kuhmilch/Tag), da die Nierenfunktion noch nicht ganz ausgereift ist. Deshalb sollte man Milch in diesem Alter nicht als Getränk oder Ersatz für Pre-Nahrung anbieten. In verarbeiteter Form (in Muffins, Milchreis oder Waffeln) ist Milch erlaubt. Ab dem 1. bis 3. Lebensjahr sind etwa 300 g Milch und Milchprodukte empfohlen. Pflanzendrinks eignen sich nur begrenzt für Säuglinge und sind kein Ersatz für Muttermilch oder Säuglingsnahrung. Bei Kuhmilchunverträglichkeiten, Allergien oder veganer Ernährung sollten Familien gut auf die ausreichende Versorgung mit Nährstoffen wie Calcium und Vitamin B_{12} achten und sich durch den Kinderarzt/die Kinderärztin und eine qualifizierte Ernährungsfachkraft begleiten lassen.

»SOJAGETRÄNKE UND ANDERE VEGANE ERSATZPRODUKTE WIE MANDEL-, FRISCHKORN- ODER REISGETRÄNKE ETC. (…) SIND NICHT AUF DIE SPEZIELLEN NÄHRSTOFFBEDÜRFNISSE DES SÄUGLINGS ABGESTIMMT UND DAHER UNGEEIGNET. GEDEIHSTÖRUNGEN AUFGRUND VON ENERGIE- UND PROTEINMANGEL UND WEITERE NÄHRSTOFFDEFIZITE WURDEN IN DER VERGANGENHEIT BEOBACHTET.«

DEUTSCHE GESELLSCHAFT FÜR ERNÄHRUNG E.V. (DGE)[5]

SICHEREITSMASSNAHMEN
IN DER BEIKOSTZEIT:

- Besuche einen Erste-Hilfe-Kurs für Säuglinge und Kleinkinder.
- Dein Baby ist bereit für feste Nahrung, wenn es etwa 6 Monate alt ist und alle Beikostreifezeichen zeigt.
- Dein Baby darf nur in aufrechter Position essen
- Biete keine ungeeigneten Lebensmittel an.
- Gestalte eine entspannte Atmosphäre. Keine Hektik, kein Stress beim Familienessen.
- Bei bekannter Nahrungsmittelunverträglichkeit oder Allergien in der Familie informiere dich vorher beim Kinderarzt/der Kinderärztin oder einem Ernährungsberater/einer Ernährungsberaterin.
- Teste Lebensmittel vor dem Anbieten, ob sie weich genug sind, um von deinem Kind mit der Zunge am Gaumen zerdrückt zu werden.
- Vermeide zu Beikostbeginn trockene Lebensmittel wie Kekse oder Knabberbrezeln, da sonst die Gefahr besteht, dass dein Baby Krümel einatmet. Für gut geübte BLW-Babys sind solche Lebensmittel aber kein Problem.
- Lass dein Baby selbstständig in seinem eigenen Tempo essen.
- Animiere dein Baby zum Abhusten, wenn es sich mal verschluckt oder würgt.
- Stille nach Bedarf vor oder nach der Mahlzeit.
- Lass dein Baby beim Essen nicht unbeaufsichtigt.
- Gib Sicherheitsregeln und Infos über BLW an die ganze Familie weiter.

REZEPTE

Snacktime für KLEINE & GROSSE Genießer

DER KLEINE HUNGER RUFT SCHON WIEDER? MIT DIESEN REZEPTEN FÜR GESUNDE HÄPPCHEN HAST DU IMMER EINEN LECKEREN TRUMPF IN DER HAND, DENN SIE SIND SCHNELL GEMACHT UND LASSEN SICH PRIMA VORBEREITEN.

TIPP

Gerne verwende ich eine Silikon-Muffinform: Man muss sie nicht einfetten und die Muffins lassen sich dennoch gut herauslösen.

DIE LECKEREN MUFFINS EIGNEN SICH FÜR UNTERWEGS ODER DIE LUNCHBOX - IDEAL FÜR KLEINE HÄNDCHEN!

Frittata-MUFFINS

ZUTATEN (ergibt 6–8 Stück) 10 Min. + 20 Min. Backen

½ rote Paprikaschote (ca. 75 g)
½ gelbe Paprikaschote (ca. 75 g)
4 Eier (Größe M)
100 ml Milch
2 TL TK-Schnittlauch
edelsüßes Paprikapulver
optional: Salz
40 g geriebener Emmentaler
Öl für die Form

ZUBEREITUNG

★ Den Backofen auf 200 °C (Ober-/Unterhitze) vorheizen. Inzwischen 6–8 Mulden einer Muffinform mit Öl einfetten.

★ Paprikaschoten entkernen, waschen und in kleine Würfel schneiden. Dann auf die Mulden der Muffinform verteilen.

★ In einer Schüssel Eier, Milch und Schnittlauch verquirlen. Mit Paprikapulver und optional mit etwas Salz würzen. Die Masse anschließend in die Mulden gießen.

★ Zum Schluss den Käse über die Masse streuen. Frittata-Muffins im Ofen etwa 20 Minuten goldbraun backen. Kurz abkühlen lassen, dann aus der Muffinform lösen.

Luftdicht verpackt bis zu 3 Tage im Kühlschrank aufbewahren oder bis zu 3 Monate einfrieren.

BLW-BABY: Ohne Salz sind sie perfekt für BLW-Anfänger.

BUNTE LECKERBISSEN, DIE KLASSE FÜR UNTERWEGS ODER DEN NÄCHSTEN KINDERGEBURTSTAG SIND!

Brokkoli-Mais-MUFFINS

ZUTATEN (ergibt 10–12 Stück) 20 Min. + 20 Min. Backen

1 Möhre (ca. 60 g)
100 g TK-Brokkoliröschen
¾ rote Paprikaschote (ca. 110 g)
2 Eier (Größe M)
optional: Salz
40 ml Rapsöl
1 EL Zitronensaft
170 g Dinkelmehl Type 630
1 TL Weinsteinbackpulver
1 TL italienische Kräuter
100 g Mais (aus dem Glas)
1–2 TL TK-Schnittlauch
Öl und Mehl für die Form

ZUBEREITUNG

★ Den Backofen auf 200 °C (Umluft) vorheizen. Die Mulden einer Muffinform mit Öl einfetten und mit Mehl ausstäuben.

★ Die Möhre putzen, schälen und grob raspeln. Brokkoliröschen noch gefroren mit einem großen, scharfen Messer klein hacken. Danach die Paprikaschote entkernen, waschen und in kleine Würfel schneiden.

★ Anschließend die Eier trennen und das Eiweiß optional mit 1 Prise Salz steif schlagen. Die Eigelbe mit Öl und Zitronensaft verquirlen.

★ In einer Schüssel Mehl, Backpulver, italienische Kräuter und optional etwas Salz vermischen. Möhren, Brokkoli, 80 g Paprikawürfel, 80 g Mais, Schnittlauch und die Eigelbmischung hinzufügen und alles kurz verrühren. Zuletzt den Eisschnee vorsichtig unterheben.

★ Den Teig in den Mulden verteilen, etwa 2 TL pro Muffin. Mit dem restlichen Mais und den restlichen Paprikawürfeln dekorieren.

★ Muffins im Ofen 20 bis 30 Minuten backen. Wenn sie gegen Ende der Backzeit zu dunkel werden sollten, die Hitze etwas reduzieren. Auf einem Kuchengitter ganz erkalten lassen.

Luftdicht verpackt bis zu 3 Tage im Kühlschrank aufbewahren oder bis zu 3 Monate einfrieren.

BLW-BABY
Für gut geübte BLW-Babys ab 9/10 Monaten geeignet.

TIPP

Man kann auch Papierförmchen für die Mulden der Form verwenden.

VON DER HAND IN DEN MUND: SO MÖGEN ALLE DIE KLEINEN, SCHNELL GEMACHTEN BRÖTCHEN AM LIEBSTEN.

ZUCCHINI-Knabberbrötchen

ZUTATEN (ergibt 10–12 Stück) 20 Min. + 20 Min. Backen

250 g Dinkelmehl Type 630
½ TL Trockenhefe
optional: Salz
½ Zucchini (ca. 130 g)
250 ml lauwarmes Wasser
1 EL Zitronensaft
2 EL Rapsöl

ZUBEREITUNG

★ Zunächst das Mehl mit Hefe und optional etwas Salz in einer Schüssel vermischen. Zucchini putzen, waschen, grob raspeln und in einem sauberen Geschirrtuch ausdrücken.

★ Lauwarmes Wasser mit Zitronensaft verrühren, mit den Zucchiniraspeln und Öl zur Mehlmischung hinzufügen und alles mit einem Löffel verrühren.

★ Ein Backblech mit Backpapier belegen. Den Teig portionsweise mit einem Esslöffel auf das Backblech setzen, etwa 1 EL Teig pro Brötchen.

★ Das Backblech in den kalten Backofen schieben, die Temperatur auf 200 °C (Ober-/Unterhitze) stellen und die Brötchen 20 bis 25 Minuten backen. Stäbchenprobe machen, dazu ein Holzstäbchen (z. B. einen Schaschlikspieß) in die Brötchen stechen. Wenn beim Herausziehen kein Teig daran haftet, sind sie fertig. Sonst noch etwas länger backen. Auf einem Kuchengitter vollständig auskühlen lassen.

Luftdicht verpackt bis zu 3 Tage im Kühlschrank aufbewahren oder bis zu 3 Monate einfrieren.

BLW-BABY **Ohne Salz und in Streifen geschnitten können auch BLW-Anfänger davon essen.**

DER RAFFINIERTE SNACK MACHT AUCH BEIKOSTANFÄNGER SATT UND ZUFRIEDEN!

Avocado-Röllchen
À LA ARME RITTER

ZUTATEN (ergibt 3 Portionen) 10 Min. + 3 Min. Braten

3 Scheiben Dinkelsandwichtoast (à ca. 40 g)
½ Avocado (ca. 60 g, ohne Kern)
1 Ei (Größe M)
30–40 ml Milch
optional: Salz
Öl (oder Butter) zum Braten

ZUBEREITUNG

★ Die Ränder der Toastbrotscheiben abschneiden und anderweitig verwenden. Die Brotscheiben mit einem Teigroller flach ausrollen.

★ Avocado schälen und das Fruchtfleisch mit einer Gabel fein zerdrücken. Dann auf die Brotscheiben streichen und Röllchen formen.

★ Ei, Milch und optional etwas Salz in einem tiefen Teller verquirlen. Avocado-Toast-Röllchen in der Ei-Milch-Mischung wenden und einige Sekunden darin pro Seite ziehen lassen, damit sich die Röllchen vollsaugen.

★ Anschließend etwas Öl in einer Pfanne erhitzen und die Toast-Röllchen darin bei mittlerer Hitze rundum 3 bis 4 Minuten goldbraun anbraten. Die Röllchen lassen sich einfach mit zwei Gabeln wenden. Noch warm genießen.

Die Röllchen eignen sich nicht zum Aufbewahren – daher gleich frisch genießen!

BLW-BABY Ohne Salz auch für BLW-Anfänger geeignet.

TIPP

Man kann die Toastscheiben auch mit Tomatenmark oder Hummus bestreichen. Bleibt Eimischung übrig? Dann einfach als Mini-Spiegelei mitbraten.

DIESE WAFFELN LIEBTE MEINE TOCHTER IN DER BEIKOSTZEIT. DURCH DAS KÜRBISPÜREE IST DIE KONSISTENZ INNEN WEICH UND AUSSEN KNUSPRIG.

BLW-BABY

Kürbis-WAFFELN

ZUTATEN (ergibt 4–6 Waffeln)

300 g Hokkaido-Fruchtfleisch
120 g Dinkelmehl Type 630
1 TL Weinsteinbackpulver
15 g geriebener Käse (Emmentaler oder Mozzarella)
1 Ei (Größe M) ★ 60 ml Milch
Öl für das Waffeleisen ★ optional: Salz

ZUBEREITUNG

10 Min. + 30 Min. Garen/Backen

★ Kürbisfruchtfleisch in mundgerechte Stücke schneiden und in einem Topf mit etwas Wasser und ggf. Salz 10 bis 12 Minuten weich garen. Anschließend abgießen und mit einem Kartoffelstampfer oder einer Gabel zerdrücken.

★ Kürbispüree mit Mehl, Backpulver, Käse, Ei, Milch und ggf. Salz verrühren.

★ Ein Waffeleisen aufheizen und mit Öl einfetten. Aus dem Teig portionsweise Waffeln backen, je Waffel 5 bis 7 Minuten.

Luftdicht verpackt bis zu 3 Tage im Kühlschrank aufbewahren oder bis zu 3 Monate einfrieren.
Ohne Salz sind sie perfekt für BLW-Anfänger.

TIPP

Ich verwende ein belgisches Waffeleisen, darin lassen sich 4 Chips auf einmal backen.

CHIPS, FÜR DIE DAS WAFFELEISEN ZUM EINSATZ KOMMT. DIE KARTOFFELN KÖNNEN AUCH MIT MÖHREN ODER KÜRBIS KOMBINIERT WERDEN.

BLW-BABY

Mini-Rösti-CHIPS

ZUTATEN (ergibt ca. 10 Stück)

2 Kartoffeln (ca. 170 g)
1 EL Dinkelmehl Type 630
edelsüßes Paprikapulver
Öl für das Waffeleisen ★ optional: Salz

ZUBEREITUNG
15 Min. + 15 Min. Backen

★ Kartoffeln schälen, waschen, grob raspeln und in einem sauberen Geschirrtuch gut ausdrücken.

★ Waffeleisen aufheizen und mit Öl einfetten.

★ Die Kartoffelraspeln mit Mehl, Paprikapulver und optional etwas Salz vermischen. Mit den Händen alles miteinander verkneten.

★ Anschließend pro Rösti-Chip 1 bis 2 TL Kartoffelteig in das Waffeleisen füllen und 5 Minuten goldbraun backen.

Luftdicht verpackt bis zu 2 Tage im Kühlschrank haltbar. Nicht zum Einfrieren geeignet.
Ohne Salz für BLW-Anfänger geeignet.

DIESES REZEPT IST EIN LIEBLINGSREZEPT MEINER COMMUNITY. ES IST EINFACH GEMACHT, GESUND UND KÖSTLICH.

ZUCCHINI-PUFFER

ZUTATEN (ergibt 6–8 Stück) 10 Min. + 12 Min. Braten

1 Zucchini (220-250 g)
optional: Salz
1 kleine Zwiebel (30 g)
1 Ei (Größe M)
2 EL Dinkelmehl Type 630
Öl zum Braten

ZUBEREITUNG

★ Zucchini putzen, waschen und grob raspeln. Anschließend in einem sauberen Geschirrtuch auspressen. (Für Kinder ab 1 Jahr: Zucchiniraspeln vor dem Auspressen mit etwas Salz durchmischen und 10 Minuten ruhen lassen. Das Salz entzieht der Zucchini Wasser; so wird der Teig etwas geschmeidiger und zerfällt nicht so schnell beim Braten.)

★ Die Zwiebel schälen und in kleine Würfel schneiden. Zucchiniraspeln, Zwiebelwürfel, Ei und Mehl in einer Schüssel vermischen.

★ Etwas Öl in einer Pfanne erhitzen. Den Teig portionsweise in die Pfanne setzen und die Zucchinipuffer bei mittlerer Hitze auf jeder Seite 3 bis 5 Minuten goldbraun braten.

Luftdicht verpackt bis zu 3 Tage im Kühlschrank aufbewahren oder bis zu 2 Monate einfrieren.

BLW-BABY Für BLW-Anfänger ohne Salz und in Streifen geschnitten geeignet.

JETZT GEHT'S RUND! DIE BÄLLCHEN SIND IDEAL ZUM MITNEHMEN UND PASSEN GUT IN KLEINE HÄNDE.

QUINOA-Balls

ZUTATEN (ergibt 10–12 Stück) 20 Min. + 45 Min. Garen/Backen

120 g Quinoa
50 g junger Spinat
45 g TK-Erbsen
70 g Feta
1 Ei (Größe M)
optional: Salz
Öl zum Braten

ZUBEREITUNG

★ Die Quinoa gut in einem Sieb unter fließendem Wasser abbrausen. Mit 350 ml Wasser in einen Topf geben und bei mittlerer Hitze etwa 15 Minuten köcheln lassen.

★ Den Spinat verlesen und waschen, grobe Stiele entfernen und die Blätter fein hacken. Etwas Öl in einer Pfanne erhitzen. Dann die Erbsen und den Spinat darin bei mittlerer Hitze etwa 4 Minuten dünsten. Eventuell die Erbsen zerdrücken. Feta in kleine Würfel schneiden.

★ Die Quinoa abgießen und ein paar Minuten abkühlen lassen. Inzwischen den Backofen auf 180 °C (Ober-/Unterhitze) vorheizen. Ein Backblech mit Backpapier belegen.

★ Quinoa, Erbsen-Spinat-Mischung, Feta und Ei in einer Schüssel gut vermischen. Optional mit etwas Salz würzen. Mit leicht angefeuchteten Händen aus der Masse kleine Kugeln formen, auf das Backblech legen und im Ofen 25 bis 30 Minuten backen.

Luftdicht verpackt bis zu 2 Tage im Kühlschrank aufbewahren oder bis zu 2 Monate einfrieren.

BLW-BABY **Quinoa nur in kleinen Mengen für gut geübte BLW-Babys ab 9/10 Monaten anbieten. Den Feta durch Mozzarella ersetzen.**

TIPP

Statt frischem Spinat kann man auch TK-Blattspinat verwenden. Diesen nach dem Auftauen gut ausdrücken, bevor er fein gehackt wird.

SCHNELL, EINFACH UND LECKER! DU BRAUCHST NICHT EINMAL EINE KÜCHENMASCHINE UND DER TEIG KOMMT OHNE RUHEZEIT AUS.

Saftiges MÖHRENBROT

ZUTATEN (ergibt ca. 12 Scheiben) 10 Min. + 1 Std. Backen

500 g Dinkelmehl Type 630
Salz
500 ml lauwarmes Wasser
½ Würfel Hefe
1 Möhre (ca. 100 g)
2 EL Zitronensaft
2-3 EL Rapsöl
Öl und Mehl für die Form

ZUBEREITUNG

★ Mehl und 1 TL Salz in einer Rührschüssel mischen. Das Wasser in eine andere Schüssel gießen und die Hefe hineinbröckeln. Gut verrühren, bis die Hefe aufgelöst ist.

★ Möhre putzen, schälen und grob raspeln. Hefe-Wasser-Mischung und Möhrenraspeln nach und nach unter die Mehlmischung rühren. Zitronensaft und Öl unterrühren (der Teig hat eine klebrige Konsistenz).

★ Eine Kastenform (30 cm Länge) mit Öl einfetten und mit etwas Mehl ausstäuben. Den Teig einfüllen und glatt streichen. Form in den kalten Ofen stellen, die Backofentemperatur auf 180 °C (Ober-/Unterhitze) stellen und das Brot etwa 1 Stunde backen.

★ Wenn es gegen Ende der Backzeit schon sehr gebräunt sein sollte, mit Alufolie oder einer weiteren Kastenbackform abdecken. Mit der Stäbchenprobe (siehe S. 35) überprüfen, ob es schon durchgebacken ist.

★ Möhrenbrot einige Minuten in der Backform abkühlen lassen, dann stürzen. Auf einem Kuchengitter ganz erkalten lassen.

Luftdicht verpackt bis zu 3 Tage im Kühlschrank aufbewahren oder bis zu 3 Monate einfrieren.

BLW-BABY: Ohne Salz für BLW-Babys ab Beikostreife geeignet. Das Brot dann als getoastete Brotsticks anbieten.

BEI DIESEM SAFTIG-HERZHAFTEN KUCHEN KANN MAN DIE GEMÜSESORTEN NACH LUST UND LAUNE VARIIEREN.

Gemüsekuchen-SCHNITTEN

ZUTATEN (ergibt ca. 10 Stücke) 20 Min. + 30 Min. Backen

100 g TK-Blattspinat (aufgetaut)
70 g TK-Brokkoli (aufgetaut)
120 g Dinkelmehl Type 630
2 TL Weinsteinbackpulver
25 g geriebener Emmentaler
2 Eier (Größe M)
90 ml Milch
1 TL italienische Kräuter
optional: Salz
2 EL Mais (aus dem Glas)
Öl für die Form

ZUBEREITUNG

★ Aufgetauten Spinat und Brokkoli mit der Hand ausdrücken.

★ Den Backofen auf 180 °C (Ober-/Unterhitze) vorheizen. Eine Kastenform (26 cm Länge) mit angefeuchtetem Backpapier auslegen (siehe S. 19) und mit etwas Öl bestreichen.

★ Mehl und Backpulver in einer Schüssel mischen. Käse, Eier, Milch, Kräuter und optional etwas Salz unterrühren. Spinat, Brokkoli und Mais unterziehen.

★ Anschließend den Teig in die Backform füllen und gleichmäßig verstreichen. Im Ofen 30 bis 35 Minuten backen. Gemüsekuchen mit dem Backpapier aus der Backform nehmen und auf einem Kuchengitter gut auskühlen lassen. Vor dem Servieren in Scheiben schneiden.

Luftdicht verpackt bis zu 3 Tage im Kühlschrank aufbewahren oder bis zu 3 Monate einfrieren.

BLW-BABY Für gut geübte BLW-Babys ab 9/10 Monaten geeignet.

EIN NAHRHAFTER SNACK, DER AUCH IN DER FRUCHTIGEN VERSION MIT GERASPELTEM APFEL UNGLAUBLICH LECKER SCHMECKT.

BLW-BABY

ÜBERBACKENE Brotschnitten

ZUTATEN (ergibt 2 Portionen)

2 Scheiben Dinkelbrot (à 30–50 g)
1 Möhre (ca. 30 g) (oder Apfel, ohne Schale)
1 TL weiche Butter
30 g geriebener Emmentaler

ZUBEREITUNG

5 Min. + 9 Min. Backen

★ Den Backofen auf 200 °C (Ober-/Unterhitze) vorheizen. Das Brot auf das Ofengitter legen und 3 bis 5 Minuten im Ofen leicht rösten.

★ Die Möhre schälen, putzen und fein raspeln. Brotscheiben mit der Butter besteichen und mit Möhrenraspeln und Käse belegen.

★ Nun die belegten Brotscheiben erneut auf das Ofengitter legen und noch 6 bis 8 Minuten goldbraun überbacken.

Schmeckt frisch am besten. Die Version mit Möhre lässt sich bis zu 2 Tage im Kühlschrank aufheben. Für BLW-Babys ab 9/10 Monaten weniger Käse verwenden und die Möhre bzw. den Apfel ohne Schale ganz fein raspeln.

TIPP

Die belegten Brotscheiben lassen sich auch auf einem mit Backpapier belegten Backblech überbacken, so kann der Belag nicht durch das Ofengitter fallen.

TIPP
Statt Tomate eignen sich auch kleine Paprikawürfel oder Mais aus dem Glas, statt Mozzarella geriebener Emmentaler.

EIN SCHNELLER UND SÄTTIGENDER SNACK, DEN JEDES KIND LIEBT!

ZWIEBACK-Pizzas

BLW-BABY

ZUTATEN (ergibt 5 Stück)

5 Vollkornzwiebäcke
30–40 ml Milch ★ 1–2 EL Tomatenmark
1 Rispentomate (ca. 75 g) ★ 5 Basilikumblätter
½–1 Kugel Mozzarella (60–125 g)
italienische Kräuter ★ optional: Salz

ZUBEREITUNG

20 Min. + 12 Min. Backen

★ Den Backofen auf 170 °C (Ober-/Unterhitze) vorheizen. Ein Blech mit Backpapier belegen.

★ Zwiebäcke in der Milch wenden, auf das Backblech legen, mit Tomatenmark bestreichen.

★ Tomate waschen, ohne Stielansätze in dünne Scheiben schneiden. Basilikum waschen, große Blätter hacken. Mozzarella grob reiben.

★ Zwiebäcke mit Tomatenscheiben und Käse belegen. Mit italienischen Kräutern und optional mit etwas Salz würzen, im Ofen 12 bis 15 Minuten backen. Mit Basilikum garnieren.

Luftdicht verpackt bis zu 2 Tage im Kühlschrank aufbewahren.

Ohne Basilikum für gut geübte BLW-Babys ab 9/10 Monaten geeignet.

RIEGEL SIND SUPER FÜR UNTERWEGS, NAHRHAFT UND IM KÜHLSCHRANK BIS ZU 3 TAGE HALTBAR (EINGEFROREN CA. 3 MONATE).

BLW-BABY

Bananen-RIEGEL

ZUBEREITUNG

(ergibt 6–8 Stück) 20 Min. + 12 Min. Backen

Den Backofen auf 180 °C (Ober-/Unterhitze) vorheizen. **2 sehr reife Bananen (ca. 300 g)** schälen, in einer Schüssel mit einer Gabel zerdrücken. **40 g Nussmus** und **60 g zarte Haferflocken** unterrühren. Eine **Kastenform (26 cm)** mit **Backpapier** auslegen. Teig darin mit einer Gabel andrücken. **10 g Mandelblättchen** zerkleinern und darüberstreuen. Im Ofen 12 bis 15 Minuten backen. 10 Minuten in der Form abkühlen lassen, dann herausnehmen. Erkaltet in etwa 2 cm breite Riegel schneiden.

Für BLW-Anfänger mit gemahlenen Mandeln.

HERZHAFTE Möhren-RIEGEL

ZUBEREITUNG

(ergibt 6–8 Stück) 20 Min. + 20 Min. Backen

Den Backofen auf 180 °C (Ober-/Unterhitze) vorheizen. **1 Möhre (ca. 90 g)** schälen, putzen und grob raspeln. **20 g Kürbiskerne** grob hacken. Beides mit **80 g zarten Haferflocken**, **1 Ei (Größe M)** und **15 g geriebenem Parmesan** in einer Schüssel vermischen. Mit **Salz** oder **Kräutern der Provence** würzen. Eine **Kastenform (26 cm)** mit **Backpapier** auslegen. Teig darin mit einer Gabel andrücken und im Ofen 20 Minuten backen. 10 Minuten in der Form abkühlen lassen, dann herausnehmen. Erkaltet in etwa 3 cm breite Riegel schneiden.

Apfel-FLAPJACKS

BLW-BABY

ZUBEREITUNG

(ergibt 8–10 Stück) 20 Min. + 25 Min. Backen

Den Backofen auf 180 °C (Ober-/Unterhitze) vorheizen. **2 Äpfel (ca. 350 g)** schälen, entkernen und in kleine Würfel schneiden. Mit **150 g zarten Dinkelflocken**, **100 g zarten Haferflocken**, **½ TL Weinsteinbackpulver**, **40 g Kokosraspeln**, **5 entsteinten Soft-Datteln**, **300 ml Haferdrink (oder Kuhmilch)** und **2 TL Kokosöl (flüssig)** in einem Hochleistungsmixer zerkleinern, bis die Datteln und Äpfel nicht mehr als Ganzes sichtbar sind. Eine **Backform (25 x 20 cm)** mit **Kokosöl** einfetten, mit der Masse füllen. Mit **1 bis 2 TL Kokosraspeln** bestreuen. Im Ofen 25 Minuten backen. 10 Minuten in der Form abkühlen lassen, dann herausnehmen. Erkaltet in etwa 3 cm breite Riegel schneiden.

Für gut geübte BLW-Babys ab 9/10 Monaten.

Beeren-Kokos-RIEGEL

BLW-BABY

ZUBEREITUNG

(ergibt 8 Stück) 20 Min. + 12 Min. Backen

Den Backofen auf 180 °C (Ober-/Unterhitze) vorheizen. **80 g zarte Haferflocken** und **3 TL Kokosraspeln** in eine Schüssel geben. **20 g Kokosöl** (Raumtemperatur) mit den Fingerspitzen hineindrücken. **50 g Dattelpaste (siehe S. 96)**, **45 g Apfelmark** und **1 Prise gemahlene Vanille** dazugeben. **1 Handvoll Blaubeeren (ca. 45 g)** waschen, abtupfen und unterrühren. Eine **Kastenform (26 cm)** mit **Backpapier** auslegen. Teig darin mit einer Gabel andrücken. Mit **2 TL Kokosraspeln** bestreuen und im Ofen 12 bis 15 Minuten backen. 10 Minuten in der Form abkühlen lassen, dann herausnehmen. Erkaltet in etwa 2 cm breite Riegel schneiden.

Für gut geübte BLW-Babys ab 9/10 Monaten.

TIPP

Den Teig mit italienischen Kräutern, Petersilie oder Schnittlauch würzen.

IN KOREA KOMMEN GEMÜSESTIFTE IN DEN PANCAKE-TEIG – DAS MACHT SIE AUCH OPTISCH ZU EINEM GENUSS.

KOREANISCHE Gemüse-PANCAKES

ZUTATEN (ergibt 6–8 Stück) 15 Min. + 12 Min. Backen

½ Zucchini (ca. 120 g)
1 Möhre (ca. 70 g)
1 rote Zwiebel (ca. 45 g)

100 g Dinkelmehl Type 630
150 ml Wasser
2 EL Rapsöl

optional: Salz
Öl zum Braten

ZUBEREITUNG

★ Zucchini putzen und waschen. Möhre putzen und schälen. Zwiebel schälen und alles in feine Streifen schneiden.

★ Anschließend Mehl, Wasser und Rapsöl in einer Schüssel verrühren. Nun die Gemüsestreifen hinzufügen und alles miteinander vermischen. Optional mit Salz würzen.

★ Etwas Öl in einer Pfanne erhitzen. Aus dem Teig portionsweise Kleckse in die Pfanne setzen und die Gemüse-Pancakes bei mittlerer Hitze auf jeder Seite 3 Minuten goldbraun backen.

Luftdicht verpackt bis zu 3 Tage im Kühlschrank aufbewahren oder bis zu 3 Monate einfrieren.

BLW-BABY Für ein Rezept ab Beikostreife: Gemüse vor der Verwendung weich dünsten und dann der Teigmischung hinzufügen.

DIESE LECKEREN GEMÜSEBRATLINGE SIND SEHR SÄTTIGEND UND NAHRHAFT - SO HAT AUCH GROSSER HUNGER KEINE CHANCE.

BLUMENKOHL-Kartoffel-PUFFER

ZUTATEN (ergibt 10–12 Stück) 25 Min. + 30 Min. Garen/Braten

1 Blumenkohl (ca. 750 g)
2 große Kartoffeln (350–400 g)
2 Eier (Größe M)
3 EL Dinkelmehl Type 630
40 g geriebener Emmentaler
1 Handvoll gehackte, glatte Petersilie (oder 2 EL TK-Petersilie)
optional: Salz (oder italienische Kräuter)
Öl zum Braten

ZUBEREITUNG

★ Blumenkohl putzen, waschen, die Röschen vom Strunk schneiden (Strunk anderweitig verwenden oder klein geschnitten mitgaren). Etwas Wasser in einem Topf aufkochen, die Röschen hineingeben und bei mittlerer Hitze etwa 8 Minuten köcheln lassen, bis sie bissfest sind. Anschließend abgießen und in einer Schüssel mit einem Kartoffelstampfer ganz fein zerdrücken.

★ Die Kartoffeln schälen, waschen und grob raspeln. Danach in einem sauberen Geschirrtuch ausdrücken.

★ Eier, Mehl, Käse, Petersilie und Kartoffelraspeln mit dem zerdrückten Blumenkohl vermischen. Optional mit etwas Salz bzw. italienischen Kräutern würzen.

★ Etwas Öl in einer Pfanne erhitzen. Pro Puffer 2 EL Blumenkohl-Kartoffel-Teig in die Pfanne setzen und bei mittlerer Hitze auf jeder Seite etwa 5 Minuten goldgelb braten.

Luftdicht verpackt bis zu 3 Tage im Kühlschrank aufbewahren oder bis zu 2 Monate einfrieren.

BLW-BABY

Geeignet ab Beikostreife. Dann ohne Salz zubereiten und die Masse zu Stangen formen, so können BLW-Anfänger sie besser greifen.

TIPP

Die Puffer lassen sich auch im Backofen bei 180 °C (Ober-/Unterhitze) zubereiten, etwa 25 Minuten goldgelb backen.

DIE RÖLLCHEN SIND IDEAL FÜR DEN KLEINEN HUNGER ZWISCHENDURCH.

GEMÜSE-Pfannkuchen-ROLLEN

ZUTATEN (ergibt ca. 10 Stück) 15 Min. + 40 Min. Backen

200 g Dinkelmehl Type 630
3 EL Speisestärke
1 TL Weinsteinbackpulver
optional: Salz

300 ml Milch (oder Haferdrink)
160 ml Mineralwasser mit Kohlensäure
Öl zum Backen

FÜR DIE FÜLLUNG:
1-2 Avocados
10 Scheiben Emmentaler
Paprika- und Gurkenstreifen

ZUBEREITUNG

★ Mehl, Speisestärke, Backpulver und optional 1 Prise Salz in einer Schüssel vermischen, danach die Milch und zuletzt das Wasser hinzufügen. Nun alle Zutaten gut mit einem Schneebesen verrühren.

★ Etwas Öl in einer Pfanne (18 cm Durchmesser) erhitzen und eine Schöpfkelle Teig in die Pfanne fließen lassen. Dabei die Pfanne kurz schwenken, sodass der Pfannenboden vollständig bedeckt ist.

★ Pfannkuchen bei mittlerer Hitze auf jeder Seite etwa 2 Minuten backen. Dabei den Pfannkuchen erst dann wenden, wenn er sich problemlos mit dem Pfannenwender anheben lässt.

★ Die Avocado schälen, das Fruchtfleisch mit einer Gabel zerdrücken und den Pfannkuchen damit bestreichen. Mit Käse und Gemüsestreifen belegen. Pfannkuchen einrollen und entweder im Ganzen, halbiert oder in schmalen Röllchen servieren.

Ohne Belag luftdicht verpackt bis zu 3 Tage im Kühlschrank aufbewahren oder bis zu 3 Monate einfrieren.

BLW-BABY

Für BLW-Anfänger nur Pfannkuchenstreifen mit zerdrückter Avocado ohne Käse und Gemüse anbieten.

HERZHAFT UND MIT EINER HERRLICH SOFTEN KONSISTENZ, SODASS AUCH KLEINE BABYS AB BEIKOSTREIFE DAVON PROBIEREN DÜRFEN.

Süßkartoffel-KAISERSCHMARRN

ZUTATEN (ergibt 2 Portionen) 25 Min. + 20 Min. Garen/Backen

1 Süßkartoffel (ca. 300 g)
100 g Dinkelmehl Type 630
2 TL Weinsteinbackpulver
optional: Salz
80 ml Mineralwasser mit Kohlensäure
80 ml Milch
Öl zum Braten

ZUBEREITUNG

★ Süßkartoffel schälen, waschen und in kleine Würfel schneiden. In einem kleinen Topf mit etwas Wasser bei mittlerer Hitze 5 bis 10 Minuten weich garen. Dann abgießen und mit einer Gabel zerdrücken.

★ Mehl, Backpulver und optional etwas Salz in einer Schüssel mischen. Mineralwasser, Milch sowie Süßkartoffelpüree hinzufügen. Alles gründlich verrühren.

★ Etwas Öl in einer Pfanne (24 cm Durchmesser) erhitzen, den Teig gleichmäßig darin verteilen. Bei mittlerer Hitze 5 bis 7 Minuten stocken lassen, bis die Unterseite goldbraun ist. Sobald sich der Pfannkuchen verschieben lässt, wenden und ggf. vierteln. Noch 5 bis 7 Minuten von der anderen Seite goldbraun backen.

★ Anschließend mithilfe von zwei Gabeln in Stücke reißen und noch 5 bis 7 Minuten backen, bis die Ober- und Unterseiten knusprig sind, ggf. die Temperatur reduzieren. Zwischendurch den Pfannenwender mit Küchenpapier reinigen, denn der Teig ist recht klebrig. Lauwarm servieren. Dazu passen Naturjoghurt oder Apfelmark.

Luftdicht verpackt bis zu 3 Tage im Kühlschrank aufbewahren oder bis zu 3 Monate einfrieren.

BLW-BABY **Ohne Salz auch für BLW-Anfänger geeignet.**

TIPP

Den Teig nach Wunsch mit Schnittlauchröllchen oder geriebenem Käse verfeinern.

DER PARMESAN IM TEIG MACHT SIE SCHÖN WÜRZIG. PERFEKT FÜR DEN KLEINEN HUNGER ZWISCHENDURCH!

Herzhafte Dinkelhörnchen

ZUTATEN (ergibt 14–16 Stück) 25 Min. + 2 ½ Std. Ruhen + 15 Min. Backen

500 g Dinkelmehl Type 630 + mehr für die Arbeitsfläche
1 Pck. Trockenhefe
50 g geriebener Parmesan
optional: Salz
80 ml Rapsöl
320 ml lauwarme Milch
1 Eigelb (Größe M)
1 EL Sesam

ZUBEREITUNG

★ Mehl, Hefe, Parmesan und optional etwas Salz in einer Schüssel vermischen. Anschließend Öl und 300 ml Milch hinzufügen.

★ Alles mit einer Gabel verrühren. Sobald der Teig etwas fester wird, mit den Händen weiterkneten. Der Teig hat eine klebrige Konsistenz. Wenn er zu feucht ist, mehr Mehl dazugeben.

★ Den Teig auf einer leicht bemehlten Arbeitsfläche noch ein paar Minuten kneten. Dann zu einer Kugel formen und zugedeckt 2 Stunden bei Zimmertemperatur ruhen lassen.

★ Danach auf der leicht bemehlten Arbeitsfläche rechteckig ausrollen. Mit einem großen Messer oder Pizzaroller Dreiecke schneiden, diese von der breiten Seite her aufrollen und zu Hörnchen formen.

★ Ein Backblech mit Backpapier belegen. Hörnchen darauf setzen, zugedeckt noch 30 Minuten bei Zimmertemperatur gehen lassen.

★ Inzwischen den Backofen auf 180 °C (Umluft) vorheizen.

★ Eigelb mit der restlichen Milch verquirlen. Hörnchen damit bestreichen und mit Sesam bestreuen. Im Ofen 15 bis 18 Minuten goldbraun backen. Lauwarm oder abgekühlt servieren.

Luftdicht verpackt bis zu 3 Tage im Kühlschrank aufbewahren oder bis zu 3 Monate einfrieren.

BLW-BABY Für gut geübte BLW-Babys ab 9/10 Monaten geeignet.

DIESE KÖSTLICHKEIT IST EINE SUPER IDEE ZUR VERWERTUNG VON NUDELRESTEN.

Spaghetti-MUFFINS

ZUTATEN (ergibt 12 Stück) 25 Min. + 55 Min. Garen/Backen

200–250 g Spaghetti
optional: Salz
1 Zwiebel (ca. 50 g)
1 Knoblauchzehe
1 kleine Möhre (ca. 60 g)
3 EL Rapsöl
200 g Rinderhackfleisch
300–400 ml passierte Tomaten
edelsüßes Paprikapulver
1 TL italienische Kräuter
2 Eier (Größe M)
2 TL geriebener Parmesan
50–60 g geriebener Emmentaler
Öl für die Form

ZUBEREITUNG

★ Spaghetti in reichlich kochendem (Salz-) Wasser nach Packungsanweisung bissfest garen.

★ Zwiebel und Knoblauch schälen und in kleine Würfel schneiden. Die Möhre putzen, schälen und grob raspeln.

★ Etwas Öl in einer Pfanne erhitzen. Zwiebeln und Knoblauch bei mittlerer Hitze etwa 4 Minuten anschwitzen. Möhren kurz mitdünsten.

★ Das Hackfleisch 3 Minuten kräftig mitbraten. Passierte Tomaten, Paprikapulver, italienische Kräuter und ggf. etwas Salz dazugeben. Alles bei mittlerer Hitze etwa 15 Minuten köcheln lassen.

★ Den Backofen auf 200 °C (Ober-/Unterhitze) vorheizen. Eine Muffinform gut mit Öl einfetten.

★ Spaghetti abgießen, abtropfen lassen und mit dem restlichen Öl mischen. Kurz abkühlen lassen. Eier mit Parmesan verquirlen, unter die Spaghetti ziehen.

★ Die Spaghetti wie „Nester" in die Mulden der Muffinform legen, sodass mittig eine Vertiefung entsteht. Je etwa 1 ½ EL Hackfleischsauce einfüllen, den Emmentaler aufstreuen. Im Ofen 20 bis 25 Minuten backen.

Luftdicht verpackt bis zu 3 Tage im Kühlschrank aufbewahren oder bis zu 2 Monate einfrieren.

BLW-BABY Für gut geübte BLW-Babys ab 9/10 Monaten geeignet.

TIPP

Die Muffins lassen sich auch prima in Silikonförmchen backen.

TIPP

Zum Braten kannst du auch Butter oder Rapsöl verwenden.

FEIN VERHÜLLT MACHEN DIE FRUCHTSTÜCKCHEN KLEIN UND GROSS GLÜCKLICH!

Mango-HÄPPCHEN

ZUTATEN (ergibt 12–16 Stück) 15 Min. + 6 Min. Backen

1 Mango (ca. 270 g)
½ Banane (ca. 100 g)
2 EL Dinkelmehl Mehl Type 630
½ EL Kokosraspeln
½ TL Weinsteinbackpulver
1 Prise gemahlene Vanille
80 ml Milch
Kokosöl zum Braten

FÜR DAS TOPPING:
Naturjoghurt, weißes Mandelmus (nach Belieben)

ZUBEREITUNG

★ Die Mango schälen, das Fruchtfleisch auf den flachen Seiten vom Stein schneiden und in Würfel oder Streifen schneiden.

★ Die Banane schälen und in einer Schüssel mit einer Gabel zerdrücken. Mehl, Kokosraspeln, Backpulver, Vanille und Milch hinzugeben und alles gut verrühren. Zuletzt die Mangostücke unterziehen.

★ Etwas Kokosöl in einer Pfanne erhitzen. Die getränkten Mangowürfel esslöffelweise in die Pfanne geben. Auf jeder Seite bei mittlerer Hitze etwa 3 Minuten goldgelb braten. Falls Teig übrigbleibt, kann man Pancakes daraus backen.

★ Mango-Häppchen mit Naturjoghurt oder Mandelmus servieren.

Luftdicht verpackt bis zu 2 Tage im Kühlschrank aufbewahren oder bis zu 3 Monate einfrieren.

BLW-BABY Für beikostreife Babys die Mango in Streifen schneiden.

„OVERNIGHTS OATS" SIND ÜBER NACHT EINGEWEICHTE HAFERFLOCKEN, DIE DU AM ABEND VORHER ZUBEREITEN KANNST. GENAU WIE DIE MUFFINS! PRAKTISCH, GESUND UND SÄTTIGEND.

BLW-BABY

HIMBEER-Overnight-Oats

ZUBEREITUNG

(ergibt 1 Portion/1 Schraubglas à 200 ml)
20 Min. + 4 bis 8 Std. Kühlen

10–15 g Zartbitterschokolade fein raspeln und **30–40 g Himbeeren** verlesen, waschen und trocken tupfen. **30 g zarte Haferflocken**, **1 TL Kokosraspeln** und die Hälfte der geraspelten Schokolade in das Glas geben und vermischen. **70 ml Milch** und **1 EL Naturjoghurt** kurz unterrühren. Die Himbeeren und die restliche geraspelte Schokolade darüberstreuen. Glas verschließen und im Kühlschrank 4 bis 8 Stunden ruhen lassen.

Gleich nach der Ruhezeit verzehren.

Ohne Schokolade für gut geübte BLW-Babys ab 9/10 Monaten einen beladenen Löffel servieren oder Waffel- oder Pancakestreifen zum Dippen anbieten.

BLW-BABY

HIRSE-MANGO-Overnight-Oats

ZUBEREITUNG

(ergibt 1 Portion/1 Schraubglas à 200 ml)
20 Min. + 4 bis 8 Std. Kühlen

½ kleine Mango (ca. 120 g) schälen und würfeln, **ca. 15 g Mangowürfel** für das Topping beiseitelegen. Restliche Mango mit einem Stabmixer pürieren. **45 g Hirseflocken**, **½ TL Chiasamen** und **100 ml Milch** unterrühren, dann in ein Glas füllen. Restliche Mangowürfel daraufgeben. Glas verschließen und im Kühlschrank 4 bis 8 Stunden ruhen lassen.

Gleich nach der Ruhezeit verzehren.

Für gut geübte BLW-Babys ab 9/10 Monaten einen beladenen Löffel servieren oder Waffel- oder Pancakestreifen zum Dippen anbieten.

SCHOKO-BANANE-Oat-Muffins

BLW-BABY

ZUBEREITUNG

(ergibt 6–8 Stück) 20 Min. + 20 Min. Backen

Den Backofen auf 180 °C (Ober-/Unterhitze) vorheizen. Inzwischen 6–8 Mulden einer Muffinform mit etwas **Kokosöl** einfetten. **60 g Blaubeeren** verlesen, waschen und trocken tupfen. **2 sehr reife Bananen (ca. 300 g)** schälen, in einer Schüssel mit einer Gabel zerdrücken. **1 TL Kakaopulver (stark entölt)**, **60 ml Milch** und **140 g zarte Haferflocken** unterrühren. Blaubeeren hinzufügen. Pro Muffin etwa 1 ½ EL Teig in die Mulden füllen und im Ofen 20 Minuten backen. Etwa 10 Minuten in der Form abkühlen lassen, dann herauslösen. **Bis zu 3 Tage im Kühlschrank aufbewahren oder bis zu 3 Monate einfrieren.**

Für gut geübte BLW-Babys ab 9/10 Monaten.

SÜSSKARTOFFEL-APFEL-Oat-Muffins

BLW-BABY

ZUBEREITUNG

(ergibt 6–8 Stück) 30 Min. + 30 Min. Backen

1 Süßkartoffel (ca. 340 g) schälen, waschen und in kleine Würfel schneiden. In einem Topf mit Wasser bedeckt 10 bis 15 Minuten garen. Abgießen, mit dem Stabmixer pürieren und abkühlen lassen. Den Backofen auf 180 °C (Ober-/Unterhitze) vorheizen. 6–8 Mulden einer Muffinform mit etwas **Kokosöl** einfetten. **Süßkartoffelpüree** mit **60 g Apfelmark**, **100 g zarten Haferflocken**, **1 Prise gemahlener Vanille** und **1 Prise Ceylon-Zimt** in einer Schüssel verrühren. Pro Muffin etwa 1 ½ EL Teig in die gefetteten Mulden füllen. **½ Apfel (ca. 75 g)** schälen, entkernen und in kleine Stücke schneiden, über den Teig streuen. Muffins im Ofen 20 Minuten backen. Etwa 10 Minuten in der Form abkühlen lassen, dann herauslösen. **Bis zu 3 Tage im Kühlschrank aufbewahren oder bis zu 3 Monate einfrieren.**

Für BLW-Anfänger geeignet.

DIESE LECKEREI SCHMECKT WUNDERBAR SÜSS, OHNE ZUSÄTZLICHEN ZUCKER. AUSSERDEM EIGNET SIE SICH AUCH ALS SCHNELLER GEBURTSTAGSKUCHEN.

Zuckerfreies APFELBROT

ZUTATEN (ergibt ca. 10 Scheiben) 15 Min. + 40 Min. Backen + 15 Min. Abkühlen

250 g Dinkelmehl Type 630
15 g Weinsteinbackpulver
optional: Salz
1 Prise gemahlene Vanille
½ TL Ceylon-Zimt
140 g Apfelmark
50 ml Rapsöl
1 EL Mandelmus
130 ml Milch
2 Äpfel (ca. 360 g)
ca. 1 EL Zitronensaft
1–2 EL zarte Haferflocken

ZUBEREITUNG

★ Den Backofen auf 180 °C (Ober-/Unterhitze) vorheizen und eine Kastenform (26 cm Länge) mit angefeuchtetem Backpapier (siehe S. 19) auslegen.

★ Zunächst Mehl, Backpulver, optional 1 Prise Salz, Vanille und Zimt in einer Schüssel gründlich vermischen.

★ Anschließend Apfelmark, Öl, Mandelmus und Milch in einer anderen Schüssel verrühren.

★ Die flüssigen Zutaten über die Mehlmischung gießen und alles miteinander gut vermengen. Wenn sich der Teig schwer rühren lässt, noch etwas Milch hinzuzufügen.

★ Die Äpfel schälen, entkernen, in kleine Würfel schneiden und mit Zitronensaft beträufeln. Dann unter den Teig ziehen.

★ Den Teig in die Backform geben und mit Haferflocken bestreuen. Im Ofen 40 bis 45 Minuten backen. In der Form 15 Minuten abkühlen lassen, dann herauslösen und auf einem Kuchengitter ganz erkalten lassen.

Luftdicht verpackt bis zu 3 Tage im Kühlschrank aufbewahren oder bis zu 3 Monate einfrieren.

BLW-BABY Für gut geübte BLW-Babys ab 9/10 Monaten geeignet.

VARIANTE

Du kannst den Teig auch in einer mit Öl eingefetteten Muffinform backen, die Backzeit beträgt etwa 30 Minuten (Stäbchenprobe, siehe S. 35).

STATT EISWAFFEL GIBT'S HIER KNUSPERBECHER FÜR ERFRISCHENDE NICECREAM.

Granola-Cups MIT NICECREAM

ZUTATEN (ergibt 8 Stück) 35 Min. + 2 Std. Einfrieren + 15 Min. Backen

FÜR DIE NICECREAM:
1 sehr reife Banane (ca. 200 g)
1 Stück Zartbitterschokolade (5–6 g)
1 Prise gemahlene Vanille
3 EL Naturjoghurt
Außerdem: Öl für die Form

FÜR DIE GRANOLA-CUPS:
1 sehr reife Banane (ca. 200 g)
180 g zarte Haferflocken
2 EL Mandelmus
1 Prise gemahlene Vanille
2 TL Kakaopulver (stark entölt)
100 g Naturjoghurt

ZUBEREITUNG

★ Für die Nicecream die Banane schälen und in dünne Scheiben schneiden, dann in einer Gefrierdose 2 Stunden einfrieren.

★ Backofen auf 180 °C (Ober-/Unterhitze) vorheizen.

★ Für die Granola-Cups die Banane schälen und in einer Schüssel mit einer Gabel zerdrücken. Restliche Zutaten hinzufügen und alles zu einem festen Teig verrühren.

★ 8 Mulden einer Muffinform mit Öl einfetten. Die Haferflockenmischung darauf verteilen (etwa 1 ½ EL pro Mulde), dann mit dem Finger oder einem Löffel so an den Rand drücken, dass in der Mitte eine Kuhle entsteht.

★ Granola-Cups im Ofen 15 bis 20 Minuten knusprig backen. Aus der Muffinform lösen und auf einem Kuchengitter abkühlen lassen.

★ Für die Nicecream Schokolade fein hacken, mit Vanille, Joghurt sowie Bananenscheiben in einem Hochleistungsmixer cremig pürieren. Die Cups damit füllen.

Granola-Cups luftdicht verpackt bis zu 3 Tage im Kühlschrank aufbewahren oder bis zu 3 Monate einfrieren.

BLW-BABY Für gut geübte BLW-Babys ab 9/10 Monaten geeignet.

AUCH ROSINEN VERSTECKEN SICH IM TEIG, KÖSTLICH! DAZU ESSEN WIR GERNE HIMBEER-NICECREAM ODER MANDELMUS.

APFELRING-Pancakes

ZUTATEN (ergibt 9–10 Stück) 15 Min. + 12 Min. Backen

- 100 g Dinkelmehl Type 630
- 1 TL Weinsteinbackpulver
- 1 Prise gemahlene Vanille
- 1 Prise Ceylon-Zimt
- 120 ml Milch
- 30 g Rosinen
- 1 Apfel (ca. 180 g)
- Kokosöl zum Backen

ZUBEREITUNG

★ Mehl, Backpulver, Vanille und Zimt in einer Schüssel vermischen. Danach Milch und Rosinen unterrühren.

★ Apfel schälen, mit einem Apfelausstecher entkernen, dann in etwa ½ cm dicke Scheiben schneiden.

★ Etwas Kokosöl in einer Pfanne erhitzen. Die Apfelringe in den Teig tauchen, zusammen mit etwas Teig mithilfe einer Schöpfkelle herausheben und in die Pfanne legen. Auf jeder Seite bei mittlerer Hitze 3 Minuten goldgelb backen. Falls noch Teig übrigbleibt, kleine Pancakes ohne Apfel daraus backen.

Luftdicht verpackt bis zu 2 Tage im Kühlschrank aufbewahren oder bis zu 3 Monate einfrieren.

BLW-BABY Für beikostreife Babys den Apfel raspeln, Rosinen weglassen und die Pancakes in Streifen anbieten.

DIESE FRUCHTIGEN HAFERKEKSE SIND HERRLICH UNKOMPLIZIERT UND AUCH MIT KINDERN GEMEINSAM LEICHT GEMACHT!

Süße HAFERKEKSE

ZUTATEN (ergibt ca. 10 Stück) 10 Min. + 25 Min. Backen

1 sehr reife Banane (200 g)
100 g Mangofruchtfleisch (aufgetaute TK-Würfel oder frisch)
80 ml Milch
100 g zarte Haferflocken
100 g Dinkelmehl Type 630
1 TL Weinsteinbackpulver
1 Prise gemahlene Vanille

ZUBEREITUNG

★ Den Backofen auf 180 °C (Ober-/Unterhitze) vorheizen. Inzwischen ein Backblech mit Backpapier belegen.

★ Die Banane schälen, grob in Stücke schneiden und mit den Mangowürfeln und der Milch pürieren.

★ Haferflocken, Mehl, Backpulver und Vanille in einer Schüssel vermischen.

★ Den Obst-Milch-Mix zu den trockenen Zutaten hinzufügen und alles gut mit einem Löffel vermengen.

★ Haferteig esslöffelweise (etwa 1 gut gehäufter Esslöffel pro Keks) auf das Backblech setzen und zu runden Kekse verstreichen. Die Haferkekse im Ofen 25 Minuten goldgelb backen.

Luftdicht verpackt bis zu 3 Tage im Kühlschrank aufbewahren oder bis zu 3 Monate einfrieren.

BLW-BABY Für gut geübte BLW-Babys ab 9/10 Monaten geeignet.

EINE RUNDE SACHE AM NACHMITTAG, ABER AUCH GUT ALS FRÜHSTÜCK.

HAFERFLOCKEN-Beeren-Scones

ZUTATEN (ergibt ca. 12 Stück) 30 Min. + 16 Min. Backen

300 g Dinkelmehl + mehr für die Arbeitsfläche
3 TL Weinsteinbackpulver
1 Prise gemahlene Vanille
50 g kalte Butter
40 g zarte Haferflocken + 1 EL zum Bestreuen
1 Ei (Größe M)
100 g Buttermilch + mehr zum Bestreichen
1 EL flüssiger Honig (oder Dattelpaste siehe S. 96)
1–2 Handvoll Blaubeeren

ZUBEREITUNG

★ Den Backofen auf 200 °C (Ober-/Unterhitze) vorheizen. Ein Backblech (etwa 20 x 30 cm) mit Backpapier belegen.

★ Mehl, Backpulver und Vanille in einer Schüssel vermischen. Butter in Flöckchen mit den Fingerspitzen hineinreiben. Dann 40 g Haferflocken unterrühren. Mittig eine Mulde formen.

★ Das Ei mit Buttermilch und Honig verquirlen, in die Mulde gießen. Erst mit einem Löffel vermengen, dann mit den Händen kurz kneten, bis der Teig zusammenhält (nicht zu lange, sonst werden die Scones hart).

★ Teig auf einer leicht bemehlten Arbeitsfläche etwa 2 cm dick ausrollen.

★ Mit einem Ausstecher oder Glas (8–9 cm Durchmesser) Kreise ausstechen. Übrig gebliebenen Teig erneut ausrollen und ausstechen.

★ Kreise dicht an dicht auf das Blech legen. Mit Buttermilch bestreichen und restlichen Haferflocken bestreuen. Blaubeeren waschen, trocken tupfen und auf den Kreisen etwas andrücken.

★ Die Scones im Ofen 16 bis 18 Minuten goldgelb backen. Lauwarm servieren. Dazu passt Fruchtaufstrich, Nussmus oder Frischkäse.

Luftdicht verpackt bis zu 2 Tage im Kühlschrank aufbewahren oder bis zu 3 Monate einfrieren.

BLW-BABY Für gut geübte BLW-Babys ab 9/10 Monaten ohne Honig geeignet.

DIESE KÖSTLICHEN KUGELN SIND SEHR NAHRHAFT UND SÄTTIGEND, IDEAL FÜR DEN KLEINEN HUNGER ZWISCHENDURCH.

HIMBEER-KOKOS-Kugeln

BLW-BABY

ZUBEREITUNG

(ergibt 8–10 Stück) 10 Min.

70 g Haferflocken, **20 g Kokosraspeln**, **3 entsteinte Soft-Datteln**, **1 EL weißes Mandelmus**, **120 g gefrorene Himbeeren** und **3 EL Milch** in einem Hochleistungsmixer zu einer festen, klebrigen Masse verarbeiten. Mit leicht angefeuchteten Händen zu Kugeln formen. **3 bis 4 EL Kokosraspeln** in ein Schälchen geben, Kugeln darin wälzen.

Die noch halb gefrorenen Himbeer-Kokos-Kugeln direkt genießen oder luftdicht verpackt bis zu 5 Tage im Kühlschrank aufbewahren.

Für gut geübte BLW-Babys ab 9/10 Monaten geeignet. Toll für zahnende Babys!

SCHOKO-MANDEL-Kugeln

BLW-BABY

ZUBEREITUNG

(ergibt ca. 9 Stück) 10 Min. + 1 Std. Kühlen

60 g Mandeln, **5 entsteinte Soft-Datteln**, **40 g zarte Haferflocken**, **1 TL geschrotete Leinsamen**, **2 EL Kokosraspeln**, **1 EL Kokosöl**, **2 TL Kakaopulver (schwach entölt)** und **50 ml Milch** in einem Hochleistungsmixer zu einer klebrigen Masse verarbeiten. Mit leicht angefeuchteten Händen zu Kugeln formen. **4 EL zerkleinerte Mandelblättchen** oder **Kokosraspeln** in ein Schälchen geben. Kugeln darin wälzen und etwa 1 Std. im Kühlschrank ruhen lassen.

Luftdicht verpackt bis zu 2 Wochen im Kühlschrank aufbewahren.

Für gut geübte BLW-Babys ab 9/10 Monaten.

MINI-MÜSLI-Kugeln

BLW-BABY

ZUBEREITUNG

(ergibt ca. 20 Stück) 10 Min. + 1 Std. Kühlen

80 g zarte Haferflocken, **10 g gepuffte Quinoa**, **1 TL geschrotete Leinsamen**, **4 bis 5 entsteinte Soft-Datteln** und **70 g Apfelmark** in einem Hochleistungsmixer zu einer klebrigen Masse verarbeiten. Mit leicht angefeuchteten Händen zu Kugeln formen.

Luftdicht verpackt bis zu 3 Wochen im Kühlschrank aufbewahren.

Für gut geübte BLW-Babys ab 9/10 Monaten geeignet.

MÖHREN-Kugeln

ZUBEREITUNG

(ergibt 8–10 Stück) 15 Min. + 1 Std. Kühlen

1 Möhre (ca. 70 g) putzen, schälen und in kleine Würfel schneiden. Mit **25 g getrockneten Soft-Apfelringen**, **3 entsteinten Soft-Datteln**, **60 g zarten Haferflocken**, **50 g Walnusskernen**, **1 EL Nussmus**, **½ TL Ceylon-Zimt** und **1 Msp. gemahlener Vanille** in einem Hochleistungsmixer zerkleinern. Aus dem etwas bröseligen Teig Kugeln formen: Dabei den Teig zuerst in den Handinnenflächen fest zusammendrücken, danach zu Kugeln formen. Abgedeckt 1 bis 2 Stunden im Kühlschrank ruhen lassen.

Luftdicht verpackt bis zu 3 Wochen im Kühlschrank aufbewahren.

TIPP

Etwa 30 Minuten vor dem Verzehr aus dem Tiefkühler nehmen.

DIESER SNACK IST UNSER ABSOLUTER LIEBLING AN WARMEN SOMMERTAGEN. KINDER KÖNNEN BEIM VERFEINERN MIT DEN TOPPINGS MITHELFEN.

FROZEN-JOGHURT-Bars

ZUTATEN (ergibt 4 Portionen) 20 Min. + 2 Std. Einfrieren

FÜR DEN BODEN:
3 EL Mandelmus
1 EL Apfelmark
50 g zarte Haferflocken

FÜR DAS JOGHURT-FROSTING:
230 g Naturjoghurt
1 Prise gemahlene Vanille
optional: ½ EL Honig (oder Reissirup, Dattelsüße)

AUSSERDEM:
Früchte, Kokosraspeln, gemahlene Mandeln, Zartbitterschokolade, Nussmus, gepuffte Quinoa, Maisflakes (nach Belieben)

ZUBEREITUNG

★ Für den Boden Mandelmus, Apfelmark und Haferflocken zu einem festen Teig rühren.

★ Eine kleine Form (12 x 15 cm) mit angefeuchtetem Backpapier auslegen (siehe S. 19). Die Hafermasse in die Form geben und mit einem Esslöffel gleichmäßig andrücken.

★ Für das Joghurt-Frosting den Joghurt mit Vanille und optional mit Honig verrühren und über den Haferboden gießen. Joghurt z. B. mit fein gewürfelten Früchten, gemahlenen Mandeln und klein gehackter Zartbitterschokolade verfeinern. Dann 2 bis 3 Stunden einfrieren. Vor dem Verzehr in Riegel („Bars") schneiden.

Luftdicht verpackt bis zu 2 Monate einfrieren.

BLW-BABY: Für BLW-Anfänger nur Bananen-, Mango- oder Birnen-Sticks in Joghurt (ohne Honig) tunken und einfrieren.

EINE WARME MAHLZEIT, DIE NICHT NUR ZUM FRÜHSTÜCK SONDERN AUCH ZWISCHENDURCH WUNDER WIRKT.

Möhrenkuchen-PORRIDGE

ZUTATEN (ergibt 2 Portionen) 5 Min. + 8 Min. Garen

1 Möhre (40 g)
200 ml Milch
40 g zarte Haferflocken
1 EL gemahlene Mandeln
2 EL Apfelmark (oder 50 g geraspelter Apfel ohne Schale)
1 Prise Ceylon-Zimt
1 Prise gemahlene Vanille

FÜR DAS TOPPING:
Naturjoghurt, gemahlene Walnüsse oder Zartbitterschokolade (nach Belieben)

ZUBEREITUNG

★ Möhre schälen, putzen und fein raspeln. In einem kleinen Topf die Milch kurz aufkochen lassen und danach alle restlichen Zutaten, bis auf die Topping-Zutaten, hinzugeben.

★ Porridge bei schwacher Hitze 5 bis 8 Minuten köcheln lassen, dabei öfter umrühren, damit nichts anbrennt.

★ Porridge mit Toppings nach Wahl verfeinern und noch warm genießen.

Den Porridge am besten gleich genießen, er lässt sich nicht aufheben oder einfrieren.

BLW-BABY

Für gut geübte BLW-Babys geeignet, die mit dem Löffel zu essen beginnen (ohne Schokolade servieren).

TIPP

Wer es süßer mag, kann noch etwas Reissirup, Dattelsüße oder Honig (für Kinder ab 1 Jahr) hinzugeben.

TIPP

Als Topping passen Apfelmark, Nussmus, Joghurt, Nicecream (siehe S. 71) oder gemahlene Mandeln.

GRIESS IM TEIG MACHT DIESES REZEPT SO RAFFINIERT UND DIE BIRNE LIEFERT EINE ANGENEHME SÜSSE.

BIRNENSCHMARRN mit Grieß

ZUTATEN (ergibt 2 Portionen) 15 Min. + 20 Min. Garen

1 Birne (ca. 180 g)
1 Prise gemahlene Vanille
200 ml Milch
1 EL Butter
optional: Salz
80 g Weizengrieß
1 EL Rosinen
Butter zum Braten

ZUBEREITUNG

★ Birne schälen, entkernen, in kleine Würfel schneiden und mit der Vanille bestreuen. Danach etwas Butter in einer Pfanne erhitzen und die Birnenwürfel darin bei mittlerer Hitze etwa 5 Minuten andünsten.

★ Die Milch mit Butter und optional mit etwas Salz in einem kleinen Topf aufkochen. Anschließend den Grieß einrühren und bei schwacher Hitze so lange rühren, bis ein fester Teig entsteht. Danach kurz abkühlen lassen.

★ Inzwischen in einer Pfanne etwas Butter zerlassen, Grießteig esslöffelweise in großen Klecksen hineinsetzen. Auf jeder Seite bei mittlerer Hitze 2 bis 3 Minuten goldgelb backen, dann mit einem Pfannenwender zerrupfen.

★ Gegen Ende der Garzeit die Birnen und Rosinen hinzugeben und alles noch 3 bis 5 Minuten unter gelegentlichem Rühren anrösten.

Luftdicht verpackt bis zu 2 Tage im Kühlschrank aufbewahren oder bis zu 3 Monate einfrieren.

BLW-BABY Für BLW-Anfänger ohne Rosinen und Salz zubereiten und die Birne geraspelt unter den Teig ziehen. Die Schmarrn-Kleckse nicht zerzupfen, so lassen sie sich gut greifen.

DER SAFTIGE KUCHEN LÄSST SICH ÜBRIGENS AUCH TOLL MIT ANDEREM OBST ZUBEREITEN!

JOGHURT-Himbeer-KUCHEN

ZUTATEN (ergibt ca. 15 Stück) 15 Min. + 25 Min. Backen

1 sehr reife Banane (200 g)
2 Eier (Größe M)
180 g Naturjoghurt
70 ml Milch
20 ml Rapsöl
120 g Dinkelmehl Type 630
2 TL Weinsteinbackpulver
1 Prise gemahlene Vanille
100 g gefrorene TK-Himbeeren (oder Blaubeeren, Apfel, Birne)

ZUBEREITUNG

★ Den Backofen auf 180 °C (Ober-/Unterhitze) vorheizen.

★ Banane schälen und in einer Schüssel mit einer Gabel zerdrücken. Danach Eier, Joghurt, Milch und Rapsöl dazugeben und alles gründlich miteinander verrühren.

★ Mehl, Backpulver und Vanille hinzugeben und alles mit einem Schneebesen verrühren.

★ Zum Schluss die gefrorenen Himbeeren unterziehen.

★ Eine Auflaufform (25 x 20 cm) mit angefeuchtetem Backpapier (siehe S. 19) auslegen.

★ Teig in der Form gleichmäßig verstreichen, dann im Ofen 25 bis 30 Minuten backen. Sobald der Kuchen etwas braun wird, ist er fertig.

★ In der Form auskühlen lassen, dann herausheben und vorsichtig vom Backpapier lösen. In Stücke teilen.

Luftdicht verpackt bis zu 3 Tage im Kühlschrank aufbewahren oder bis zu 3 Monate einfrieren.

BLW-BABY: Für BLW-Anfänger Kuchen in schmale Streifen schneiden oder aus dem Teig Mini-Muffins backen.

EIN LECKERER KLASSIKER MIT MILCHREIS. BEI UNS GIBT ES MILCHREISPUFFER ALS RESTEVERWERTUNG.

Milchreis-APFEL-PUFFER

ZUTATEN (ergibt 8–10 Puffer) 20 Min. + 45 Min. Garen/Backen + 20 Min. Kühlen

150 g Milchreis
600–700 ml Milch
1 Prise gemahlene Vanille
1 Prise Ceylon-Zimt
1 Apfel (ca. 180 g)
50 g Dinkelmehl Type 630
1 Ei (Größe M)
Butter zum Backen

ZUBEREITUNG

★ Milchreis, Milch, Vanille und Zimt in einen Topf geben, einmal aufkochen lassen und bei mittlerer Hitze etwa 30 Minuten garen (Packungsanweisung beachten), dabei sehr oft umrühren. Eventuell noch Milch hinzugeben. Den fertigen Milchreis etwa 20 Minuten abkühlen lassen.

★ Apfel schälen, entkernen, fein raspeln und zum Milchreis hinzugeben. Mehl und Ei ebenfalls unterrühren.

★ Etwas Butter in einer Pfanne erhitzen. Pro Milchreispuffer etwa 1 EL Milchreismasse in die Pfanne setzen. Bei mittlerer Hitze auf jeder Seite 3 bis 4 Minuten goldgelb backen. Dazu passen Apfelmark oder Nussmus.

Luftdicht verpackt bis zu 3 Tage im Kühlschrank aufbewahren oder bis zu 2 Monate einfrieren.

BLW-BABY Für gut geübte BLW-Babys ab 9/10 Monaten geeignet.

SCHMECKEN LECKER, SEHEN TOLL AUS UND LASSEN SICH NACH GESCHMACK BELEGEN.

BLW-BABY

FRUCHTIGE Mini-Pizzas

TIPP
Auch Bananenscheiben, Nussmus, Zimt, Kokosraspeln oder gemahlene Mandeln sind als Topping lecker.

ZUTATEN (ergibt 5–6 Stück)

100 g zarte Haferflocken ⋆ 200 ml Milch
1 TL Mandelmus ⋆ 2 EL Apfelmark
5 TL gemischte Beeren ⋆ 5 EL Naturjoghurt

ZUBEREITUNG
10 Min. + 20 Min. Backen

★ Den Backofen auf 180 °C (Ober-/Unterhitze) vorheizen. Ein Blech mit Backpapier belegen.

★ Haferflocken, Milch, Mandelmus und Apfelmark in einer Schüssel verrühren und esslöffelweise auf das Backblech setzen (etwa 1 cm dick). Im Ofen 20 Minuten backen.

★ Beeren verlesen, waschen und trocken tupfen, ggf. klein schneiden. Mit dem Naturjoghurt auf den erkalteten „Pizzaböden" verteilen.

Ohne Belag luftdicht verpackt bis zu 3 Tage im Kühlschrank haltbar oder bis zu 3 Monate einfrieren.
Für gut geübte BLW-Babys ab 9/10 Monaten geeignet.

EIN ABSOLUTES LIEBLINGS-REZEPT MEINER INSTAGRAM-COMMUNITY!

SÜSSES Pfannenbrot

BLW-BABY

ZUTATEN (ergibt 6–8 Stück)

150 g Dinkelmehl Type 630
½ TL Weinsteinbackpulver
1 sehr reife Banane (150 g) ★ 100 ml Milch
1-2 Handvoll Rosinen ★ Öl zum Backen

ZUBEREITUNG

10 Min. + 4 Min. Backen

★ Mehl und Backpulver in einer Schüssel vermischen. Banane schälen, mit einer Gabel zerdrücken und mit Milch und Rosinen zur Mehlmischung hinzufügen. Alles gut verrühren.

★ Etwas Öl in einer Pfanne erhitzen und 1 EL Teig pro Pfannenbrot hineinsetzen. Bei mittlerer Hitze je Seite 2 bis 3 Minuten goldbraun backen. Dabei erst wenden, wenn sich der Teig etwas anhebt, so werden die Brote schön fluffig.

Luftdicht verpackt bis zu 2 Tage im Kühlschrank aufbewahren oder bis zu 3 Monate einfrieren.
Ohne Rosinen und in Streifen geschnitten auch für BLW-Anfänger geeignet.

WER ERDNUSS MAG, WIRD DIESE BRÖTCHEN LIEBEN! SIE VERSÜSSEN SCHON ZUM FRÜHSTÜCK DEN START IN DEN TAG.

ERDNUSS-Bananen-BRÖTCHEN

ZUTATEN (ergibt 6–8 Stück) 10 Min. + 12 Min. Backen

1 sehr reife Banane (200 g)
100 g reines Erdnussmus (ohne Zucker oder andere Zusätze)
1 Ei (Größe M)
50 g Dinkelmehl Type 630
1 TL Weinsteinbackpulver
1 Prise gemahlene Vanille
25–30 g Zartbitterschokolade

ZUBEREITUNG

★ Den Backofen auf 180 °C (Ober-/Unterhitze) vorheizen. Inzwischen ein Backblech mit Backpapier belegen.

★ Banane schälen und in einer Schüssel mit einer Gabel zerdrücken. Erdnussmus, Ei, Mehl, Backpulver und Vanille dazugeben und alles gut vermengen.

★ Die Schokolade fein hacken und unter den Teig rühren. Pro Brötchen etwa 1 EL Teig auf das Blech setzen.

★ Erdnuss-Brötchen im Ofen 12 bis 15 Minuten goldgelb backen. Nach Wunsch mit Bananenscheiben belegt servieren.

Luftdicht verpackt bis zu 3 Tage im Kühlschrank aufbewahren oder bis zu 3 Monate einfrieren.

BLW-BABY Für BLW-Anfänger die Schokolade weglassen und die Brötchen in Streifen geschnitten anbieten.

TIPP

Statt Spritzbeutel funktioniert auch ein Gefrierbeutel, von dem man eine Ecke abschneidet.

MINI-PANCAKES STATT MÜSLI – GANZ SCHÖN RAFFINIERT! MIT MILCH UND FRÜCHTEN SIND SIE EIN BESONDERES FRÜHSTÜCK FÜR ETWAS GRÖSSERE KINDER.

PANCAKE Cereal

ZUTATEN (ergibt 16–20 Pancakes, ca. 2–3 Portionen) 15 Min. + 3 Min. Backen

100 g Dinkelmehl Type 630
1 TL Weinsteinbackpulver
1 Prise gemahlene Vanille
60 ml Milch
2 EL Apfelmark
Butter zum Backen

Zum Servieren: Milch, klein geschnittene Früchte

ZUBEREITUNG

★ Mehl, Backpulver und Vanille in einer Schüssel verrühren. Milch und Apfelmark unterrühren.

★ Pancaketeig in einen Spritzbeutel mit großer Lochtülle füllen.

★ Etwas Butter in einer großen Pfanne erhitzen. Den Teig in Tupfen (etwa so groß wie eine 50-Cent-Münze) hineinspritzen. Pancakes auf jeder Seite etwa 45 Sekunden goldgelb backen.

★ Nach Belieben mit Milch und klein geschnittenen Früchten in einem Schälchen servieren.

Luftdicht verpackt bis zu 3 Tage im Kühlschrank aufbewahren oder bis zu 3 Monate einfrieren.

BLW-BABY Für BLW-Anfänger große Pancakes backen und diese in Streifen geschnitten anbieten. Babys, die den Pinzettengriff (ab ca. 9 Monaten) beherrschen, können Mini-Pancakes in Milch dippen.

IDEAL STATT ZUCKER IN PORRIDGE, MILCHREIS, MUFFINS ODER KUCHEN.

Dattelpaste
ZUM SÜSSEN

BLW-BABY

ZUTATEN (ergibt 1 Glas à 300 ml)

200 g entsteinte Datteln
150 ml Wasser

ZUBEREITUNG
5 Min. + 2 Std. Ruhezeit

★ Die Datteln 2 Stunden in Wasser einweichen. Anschließend abgießen, das Wasser dabei auffangen.

★ Eingeweichte Datteln mit 2 EL Einweichwasser mit dem Stabmixer pürieren. Ein Schraub-Glas mit kochendem Wasser ausschwenken und abtropfen lassen. Die Dattelpaste einfüllen und das Glas verschließen.

Bis zu 4 Wochen im Kühlschrank aufbewahren oder bis zu 3 Monate einfrieren.
Auch für BLW-Anfänger geeignet.

SCHMECKT SUPER AUF BROT, PASST ABER AUCH ZU JOGHURT ODER PANCAKES WUNDERBAR.

Blaubeer-KONFITÜRE

BLW-BABY

ZUTATEN (ergibt 1 Glas à 300 ml)

250 g Blaubeeren (oder Himbeeren, Erdbeeren)
1 EL Dattelpaste (s. links)
3 TL Chiasamen
1 Prise gemahlene Vanille

ZUBEREITUNG

5 Min. + 30 Min. Ruhezeit

★ Blaubeeren verlesen, waschen und in einem kleinen Topf einmal aufkochen, dann mit dem Stabmixer pürieren. Lauwarm abkühlen lassen.

★ Dattelpaste, Chiasamen und Vanille unterrühren. Die Konfitüre 30 Minuten quellen lassen.

★ Ein Schraubglas mit kochendem Wasser ausschwenken und abtropfen lassen. Die Konfitüre einfüllen und das Glas verschließen.

Bis zu 5 Tage im Kühlschrank aufbewahren.
Auch für BLW-Anfänger geeignet.

DIE MINI-LASAGNE SCHMECKT AUCH MIT HACKFLEISCHSAUCE (SIEHE S. 62) STATT SPINAT-RICOTTA-FÜLLUNG.

Spinat-Ricotta-LASAGNE-MUFFINS

ZUTATEN (ergibt 12 Stück) 35 Min. + 1 ½ Std. Garen/Backen

100 g TK-Spinat
2 Knoblauchzehen
2 EL Olivenöl
Muskat
250 g Ricotta
12 Lasagneblätter
2 Portionen Tomatensauce (siehe S. 101)
125 g Mozzarella
30 g geriebener Parmesan
Öl für die Form
optional: Salz

ZUBEREITUNG

★ Den Spinat mit einem großen, scharfen Messer klein hacken. Knoblauch schälen, fein hacken. Öl in einer Pfanne erhitzen, Spinat und Knoblauch darin bei mittlerer Hitze 8 Minuten garen. Mit Muskat und optional mit Salz würzen. Ricotta unterziehen.

★ Den Backofen auf 200 °C (Ober-/Unterhitze) vorheizen. Eine Muffinform mit Öl einfetten.

★ Eine Schüssel mit kaltem Wasser bereitstellen. In einem Topf (Salz-)Wasser zum Kochen bringen. Die Lasagneblätter einzeln darin etwa 5 Minuten vorgaren. Herausheben, kurz im kalten Wasser abschrecken, abtropfen lassen und auf ein großes Brett legen. Dann quer halbieren.

★ Je ½ Lasagneblatt in eine Muffinmulde legen, je 1 EL Tomatensauce und 1 TL Spinat-Ricotta-Füllung hineingeben, wieder ½ Lasagneblatt auflegen und erneut Tomatensauce und die Spinat-Ricotta-Füllung hineingeben.

★ Den Mozzarella klein würfeln und mit dem Parmesan auf den Muffins verteilen. Im Ofen 20 bis 25 Minuten überbacken, bis der Käse knusprig ist.

Lasagne-Muffins mit Spinat direkt am selben Tag verzehren. Muffins mit Bolognese-Sauce können bis zu 2 Monate eingefroren werden.

BLW-BABY Für gut geübte BLW-Babys ab 9/10 Monaten geeignet.

DIESE HANDLICHEN PIZZAS LIEBT DIE GANZE FAMILIE!

Mini-DINKELPIZZAS

ZUTATEN (ergibt 12 Stück) 30 Min. + 12 Min. Backen + 2 Std. Ruhen

FÜR DEN TEIG:
250 ml lauwarmes Wasser
2 TL Trockenhefe
300 g Dinkelmehl Type 630 + mehr für die Arbeitsfläche
1 TL Olivenöl
optional: Salz

FÜR DEN BELAG:
250 ml Tomatensauce (s. rechts)
¼ Paprikaschote (ca. 35 g)
3 TK-Brokkoliröschen (aufgetaut)
125 g Mozzarella
2 EL Mais (aus dem Glas)

ZUBEREITUNG

★ Für den Teig Wasser, Hefe und optional 1 TL Salz in einer Schüssel verrühren. 200 g Mehl unterrühren. Restliches Mehl nach und nach von Hand unterkneten, bis sich der Teig zu einer Kugel formen lässt.

★ Teig auf einer bemehlten Arbeitsfläche noch wenige Minuten kneten, ggf. noch etwas Mehl zufügen, falls er zu sehr klebt. Zu einer Kugel formen, in die Schüssel legen. Mit dem Öl bepinseln. Schüssel mit Frischhaltefolie bedeckt 2 Stunden an einem warmen Ort gehen lassen.

★ Backofen auf 250 °C (Ober-/Unterhitze) vorheizen. In der Zwischenzeit ein Backblech mit Backpapier belegen.

★ Teig auf der bemehlten Arbeitsfläche in 12 Stücke schneiden, jeweils mit dem Handballen flach drücken. Auf das Backblech legen.

★ Für den Belag jeden Pizzaboden mit Tomatensauce bestreichen. Die Paprika putzen, waschen und mit dem Brokkoli klein würfeln. Mozzarella klein schneiden. Alles mit Mais auf den Pizzas verteilen. Im Ofen 12 bis 16 Minuten backen.

Luftdicht verpackt bis zu 3 Tage im Kühlschrank aufbewahren oder bis zu 3 Monate einfrieren.

BLW-BABY **Für BLW-Anfänger ohne Salz zubereiten, nur Tomatensauce als Belag verwenden und die Pizzas in Streifen anbieten.**

Tomatensauce

ZUBEREITUNG

(ergibt 1 Glas à 250 ml) 5 Min. + 22 Min. Garen

Für die Tomatensauce **1 kleine Zwiebel (ca. 30 g)** und **1 Knoblauchzehe** schälen und klein würfeln. **1 EL Rapsöl** in einem Topf erhitzen und die Zwiebel- und Knoblauchwürfel darin bei mittlerer Hitze 2 Minuten andünsten. **300 g passierte Tomaten**, **1 TL Oregano** und optional etwas **Salz** hinzugeben. Mit leicht geöffnetem Deckel bei schwacher Hitze 20 Minuten köcheln lassen.

DER RENNER BEI ALLEN PARTYGÄSTEN! DAZU SCHMECKEN AUSSER KETCHUP AUCH SELBST GEMACHTE KARTOFFELSPALTEN SEHR GUT.

Knusprige Hähnchenbällchen MIT GEMÜSE

ZUTATEN (ergibt 10–12 Stück) 25 Min. + 30 Min. Backen

FÜR DIE HÄHNCHENBÄLLCHEN:
100 g TK-Brokkoli
1 Möhre (ca. 70 g)
250 g Hähnchenbrustfilet
1 Ei (Größe M)

FÜR DIE PANADE:
50–60 g Panko
(asiat. Paniermehl;
oder Vollkornsemmelbrösel)
1 TL geriebener Parmesan 1 TL
italienische Kräuter
edelsüßes Paprikapulver
(nach Belieben)

AUSSERDEM:
2 EL Olivenöl
optional. Salz

ZUBEREITUNG

★ Brokkoli auftauen lassen. Möhre putzen, schälen und in grobe Stücke schneiden.

★ Den Backofen auf 200 °C (Ober-/Unterhitze) vorheizen. Ein Backblech mit Backpapier belegen.

★ Hähnchenbrust in Würfel schneiden. Das Gemüse in einem Hochleistungsmixer fein zerkleinern. Hähnchenbrustwürfel dazugeben, alles miteinander fein mixen. Masse in einer Schüssel mit Ei und optional mit etwas Salz gründlich verkneten.

★ Für die Panade alle Zutaten in einer kleinen Schüssel mischen.

★ Aus der Fleischmasse kleine Kugeln formen und im Panko-Mix wenden. Die Bällchen anschließend noch einmal nachformen.

★ Ein Backblech mit 1 EL Öl einfetten und die Hähnchenbällchen darauflegen. Mit dem restlichen Öl bepinseln und im Ofen 30 Minuten backen. Dazu passt selbst gemachter Ketchup (siehe Rezept rechts).

Luftdicht verpackt bis zu 2 Tage im Kühlschrank aufbewahren oder bis zu 2 Monate einfrieren.

BLW-BABY Für gut geübte BLW-Babys ab 9/10 Monaten geeignet.

Selbst gemachter KETCHUP

ZUBEREITUNG

(ergibt ca. 400 ml) 15 Min. + 20 Min. Garen

1 rote Zwiebel (ca. 45 g) und **1 Knoblauchzehe** schälen und fein hacken. **1 EL Rapsöl** in einem Topf erhitzen und die Zwiebel- und Knoblauchwürfel darin 2 Minuten andünsten. **1 TL Tomatenmark** wenige Sekunden mitdünsten. **400 g passierte Tomaten**, **2 EL Apfelmark**, **2 EL Apfelessig** und **2 TL Dattelpaste (siehe S. 96)** unterrühren. Mit **Muskat** und optional mit **Salz** würzen. Alles offen bei mittlerer Hitze 20 Minuten köcheln lassen, dabei öfter umrühren. Mit einem Stabmixer pürieren und sofort in eine mit kochend heißem Wasser ausgespülte **Glasflasche (400 ml)** füllen. **Bis zu 1 Woche im Kühlschrank aufbewahren.**

DIESE SNACKPLATTE IST EINE NETTE IDEE FÜR GEBURTSTAGE ODER PICKNICKS.

BUNTE GEMÜSEPLATTE mit Dips

ZUTATEN (ergibt 4–5 Portionen) 30 Min.

AVOCADO-PESTO-DIP:
2 EL Pinienkerne
1 Avocado (ca. 135 g)
1 Handvoll Basilikum
1 EL Olivenöl
1 EL Zitronensaft
2 EL Wasser
1 Knoblauchzehe

MÖHREN-HUMMUS:
1 Möhre (ca. 70 g)
1 Glas Kichererbsen (240 g Abtropfgewicht)
1 Knoblauchzehe
2 EL Olivenöl
2 EL Zitronensaft
1 TL TK-Petersilie

AUSSERDEM:
400–500 g Gemüse nach Wahl, geputzt, gewaschen, ggf. geschält und in Sticks geschnitten
optional: Salz

ZUBEREITUNG

★ Für den Avocado-Pesto-Dip die Pinienkerne im Blitzhacker fein hacken. Avocado halbieren, Kern entfernen, das Fruchtfleisch schälen. Basilikum waschen, trocken schütteln und Blätter abzupfen. Alles mit den übrigen Dip-Zutaten pürieren und ggf. salzen.

★ Für das Hummus die Möhre putzen, schälen, klein würfeln und in wenig Wasser bei mittlerer Hitze 10 bis 15 Minuten garen. Kichererbsen in ein Sieb abgießen, abbrausen, abtropfen lassen. Möhrenwürfel abgießen. Knoblauch schälen und fein hacken. Alles mit den übrigen Hummus-Zutaten pürieren und ggf. salzen.

★ Pesto-Dip, Hummus und Gemüse in die Mulden einer Muffinform verteilen.

Luftdicht verpackt lassen sich die Dips im Kühlschrank aufbewahren: das Möhren-Hummus bis zu 3 Tage und der Avocado-Pesto-Dip 1 bis 2 Tage. Letzteren mit etwas Zitronensaft beträufeln, so verfärbt er sich nicht.

BLW-BABY

Gut geübten BLW-Babys ab 9/10 Monaten weich gegarte Möhren- und Kohlrabisticks zum Dippen servieren. BLW-Anfängern ebenfalls nur gegarte sowie bereits gedippte Gemüsesticks anbieten.

TIPP

Eine Muffinform mit Transporthaube ist hier praktisch. Alternativ die Dips jeweils in gut schließende Behälter füllen und das Gemüse getrennt davon mitnehmen.

NICHT NUR AN HEISSEN TAGEN SIND DIESE SNACKS EIN ERFRISCHENDER GENUSS! DAS TOLLE AN IHNEN: SIE SIND SEHR ABWECHSLUNGSREICH UND MACHEN SCHÖN SATT.

APPLE-Crumble-JOGHURT

ZUBEREITUNG

(ergibt 2 kleine Portionen/1 Schraubglas à 250 ml)
15 Min. + 4 Min. garen

120 g Naturjoghurt, **1 Prise gemahlene Vanille** und **1 Prise Ceylon-Zimt** verrühren. **1 kleinen Apfel (ca. 125 g)** schälen, entkernen und in mundgerechte Würfel schneiden. **1 TL Butter** in einer Pfanne erhitzen, die Apfelwürfel bei mittlerer Hitze darin 3 Minuten andünsten. Dann **3 EL zarte Haferflocken**, **2 fein gehackte Walnusskerne** und **1 bis 2 TL Rosinen** unter Rühren 1 Minute mit anbraten. Apfel-Mix und Joghurt mit **2 EL Apfelmark** abwechselnd in ein Glas schichten.
Gut verschlossen bis zu 2 Tage im Kühlschrank aufbewahren.

Erdbeer-TIRAMISU

ZUBEREITUNG

(ergibt 2 kleine Portionen/1 Schraubglas à 250 ml)
10 Min. + 10 Min. Ruhen

2 Vollkornzwiebäcke in einer Schüssel zerkleinern, mit **30 ml Milch** beträufeln und 10 Minuten stehen lassen. **1 Handvoll reife Erdbeeren (ca. 60 g)** waschen, putzen und in kleine Würfel schneiden. **1 bis 2 EL** davon mit **100 Skyr**, **2 TL Kokosraspeln** und **1 Prise gemahlenen Vanille** mit einem Stabmixer pürieren. Alle Zutaten abwechselnd in das Glas schichten, dabei Erdbeer-Skyr und Zwieback als letzte Schicht. **½ Stückchen Zartbitterschokolade (ca. 3 g)** fein hacken und mit **2 TL Kokosraspeln** auf das Tiramisu streuen.
Gut verschlossen bis zu 3 Tage im Kühlschrank aufbewahren.

Cookie-JOGHURT

ZUBEREITUNG

(ergibt 2 kleine Portionen/1 Schraubglas à 250 ml)
25 Min. + 20 Min. Backen

Den Backofen auf 180 °C (Ober-/Unterhitze) vorheizen. Ein Backblech mit Backpapier belegen. **1 Stück Zartbitterschokolade (7 g)** fein hacken. Wenn Schokosplitter auf dem Schneidebrett übrigbleiben, diese aufbewahren. **½ sehr reife Banane (ca. 80 g)** schälen, in einer Schüssel mit einer Gabel zerdrücken, mit **1 EL weißem Mandelmus** und **30 g zarten Haferflocken** vermischen. Teig in 7 Klecksen auf das Blech setzen, im Ofen 20 Minuten backen. Cookies abkühlen lassen und in kleine Stücke zerbröseln. **100 g Naturjoghurt** mit **1 Prise gemahlener Vanille** und den restlichen Schokosplittern vermischen. Alle Zutaten abwechselnd in ein Glas schichten, dabei mit Cookiekrümeln anfangen und aufhören.

Gut verschlossen bis zu 3 Tage im Kühlschrank aufbewahren.

BIRCHER MÜSLI mit Blaubeeren UND PFLAUMEN

BLW-BABY

ZUBEREITUNG

(ergibt 2 kleine Portionen/1 Schraubglas à 250 ml)
15 Min.

70 g Blaubeeren verlesen, waschen, abtropfen lassen und – bis auf 3 bis 4 Stück – mit **180 g Naturjoghurt** und **1 Prise gemahlener Vanille** pürieren. **1 Pflaume** waschen, entsteinen und in kleine Würfel scheiden. **3 bis 4 Pflaumenstücke** beiseitelegen. **10 g Walnusskerne** fein hacken. Pflaumenstücke, Walnüsse und **30 g zarte Haferflocken** mit dem Blaubeer-Joghurt mischen. In ein Glas füllen und mit den restlichen Blaubeeren und Pflaumenstücken garnieren.

Gut verschlossen bis zu 2 Tage im Kühlschrank aufbewahren.

Mit gemahlenen Walnusskernen für gut geübte BLW-Babys ab 9/10 Monaten geeignet.

EINE SUPER MÖGLICHKEIT, UM ÜBERREIFE BANANEN ZU VERWERTEN!

Blaubeer-BANANENKUCHEN

ZUTATEN (ergibt ca. 12 Stücke) 20 Min. + 50 Min. Backen

2 sehr reife Bananen (ca. 300 g)
1 Ei (Größe M)
100 g Naturjoghurt
80 ml Milch
40 ml Rapsöl
250 g Dinkelmehl Type 630
1 Pck. Weinsteinbackpulver
1 Prise gemahlene Vanille
110 g Blaubeeren
2 EL Zartbitter-Schokotropfen

ZUBEREITUNG

★ Den Backofen auf 180 °C (Ober-/Unterhitze) vorheizen und eine Kastenform (26 cm Lange) mit angefeuchtetem Backpapier (siehe S. 19) auslegen.

★ Die Bananen schälen und in einer Schüssel mit einer Gabel zerdrücken. Ei, Joghurt, Milch, und Öl unterrühren.

★ Dann Mehl, Backpulver und Vanille nach und nach unterrühren.

★ Blaubeeren verlesen, waschen, abtropfen lassen und mit den Schokotropfen unter den Teig ziehen.

★ Den Teig in die Kastenform gießen und im Ofen 50 bis 55 Minuten backen, dann die Stäbchenprobe machen (siehe S. 35). Wenn der Kuchen gegen Ende der Backzeit braun wird, die Temperatur auf 160 °C reduzieren.

★ Aus der Form lösen und auf einem Kuchengitter erkalten lassen. Backpapier erst abziehen, wenn der Kuchen abgekühlt ist.

Luftdicht verpackt bis zu 3 Tage im Kühlschrank aufbewahren oder bis zu 3 Monate einfrieren.

BLW-BABY Ab 1 Jahr geeignet. Für BLW-Anfänger ohne Schokolade und als Mini-Muffins backen.

OH, ZUCCHINI IM KUCHEN? NUR ZU, DENN DAS KÖSTLICHE ERGEBNIS IST HERRLICH SAFTIG!

Zucchini-Gugelhupf

ZUTATEN (ergibt ca. 12 Stücke) 30 Min. + 45 Min. Backen + 15 Min. Ruhen

210 g Apfelmark
80 g Dattelpaste (siehe S. 96)
150 ml Rapsöl
2 TL Apfelessig
1 TL Zitronensaft
200 ml Haferdrink (oder Milch)
300 g Dinkelmehl Type 630
1 Pck. Weinsteinbackpulver
1 TL Natron
1 Prise gemahlene Vanille
1 Zucchini (ca. 140 g)
1 Apfel (ca. 180 g)
50 g Rosinen
Topping (nach Belieben, s. rechts)
Butter für die Form

ZUBEREITUNG

★ Den Backofen auf 180 °C (Ober-/Unterhitze) vorheizen. Eine Gugelhupfform (26 cm Durchmesser) mit Butter einfetten.

★ Apfelmark, Dattelpaste, Öl, Essig, Zitronensaft und Haferdrink in einer Schüssel verrühren.

★ In einer anderen Schüssel Mehl, Backpulver, Natron und Vanille vermischen.

★ Zucchini putzen, waschen und grob raspeln. Den Apfel schälen, waschen, entkernen und ebenfalls grob raspeln.

★ Erst die Zucchini- und Apfelraspeln unter die flüssigen Teigzutaten ziehen, dann die trockenen Zutaten und zuletzt die Rosinen.

★ Teig in der Gugelhupfform glatt streichen, im Ofen 45 bis 50 Minuten backen. Dann 15 Minuten in der Form abkühlen lassen, auf ein Kuchengitter stürzen und ganz erkalten lassen.

★ Kuchen in Stücke schneiden und je mit 3 bis 4 TL Bananen-Schoko-Topping bestreichen. Dazu passen gemahlene Mandeln, Zartbitterschokostücke, Kokosraspeln oder Obststückchen.

Luftdicht verpackt bis zu 3 Tage im Kühlschrank aufbewahren oder bis zu 3 Monate einfrieren.

BLW-BABY **Für gut geübte BLW-Babys ab 9/10 Monaten geeignet.**

TIPP
Der Kuchen schmeckt am nächsten Tag noch besser, lässt sich also ganz entspannt am Tag vor dem festlichen Anlass zubereiten.

Bananen-Schoko-TOPPiNG

ZUBEREITUNG
(ergibt 1 Glas à 250 ml) 5 Min.

2 sehr reife Bananen (ca. 300 g) schälen und grob würfeln. Mit **50 ml Milch, ½ TL Dattelpaste (siehe S. 96), 1 Prise gemahlener Vanille, 2 TL Kakaopulver (stark entölt)** und **1 TL Rapsöl** fein pürieren. In ein Schraubglas füllen.
Im Kühlschrank bis zu 2 Tage aufbewahren.

PANCAKES MAL ANDERS – IN KUCHENFORM WIRD ER ZUR LECKEREN ÜBERRASCHUNG!

Ofen-Pancake-KUCHEN

ZUTATEN (ergibt 12–16 Stücke) 25 Min. + 16 Min. Backen

FÜR DEN TEIG:
3 Eier (Größe M)
250 ml Milch
250 g Dinkelmehl Type 630
1 Pck. Weinsteinbackpulver
optional: 2 EL Dattelpaste (S. 96)

FÜR DAS TOPPING:
50 g Blaubeeren
4 große Erdbeeren (100 g)
2 TL Mandelsplitter
1 Banane (ca. 160 g)
20 g Zartbitterschokolade

AUSSERDEM:
Butter für die Form

ZUBEREITUNG

★ Den Backofen auf 180 °C (Ober-/Unterhitze) vorheizen. Eine tiefe Backform (35 x 25 cm) mit Butter einfetten.

★ Eier mit Milch in einer Schüssel verquirlen. Mehl mit Backpulver vermischen und zur Eiermilch hinzufügen. Alles gut verrühren und optional mit Dattelpaste süßen. Dann in die Form gießen.

★ Blaubeeren verlesen, wie die Erdbeeren waschen. Erdbeeren putzen und klein schneiden. Beides mit Mandelsplittern auf einer Teighälfte verteilen. Banane schälen, in Scheiben schneiden. Schokolade hacken und mit den Bananenscheiben auf der anderen Teighälfte verteilen.

★ Den Ofen-Pancake 16 bis 18 Minuten backen. Noch lauwarm servieren.

Bis zu 3 Tage im Kühlschrank aufbewahren oder bis zu 3 Monate einfrieren.

BLW-BABY Mit gemahlenen Mandeln statt Mandelsplittern, nur Beeren für das Topping und in Streifen geschnitten können auch BLW-Anfänger davon probieren.

ICH PACKE MEINE LUNCHBOX UND NEHME MIT …

Die perfekte Lunchbox soll nicht nur bunt und lecker aussehen, sondern gleichzeitig auch Energie und wichtige Nährstoffe für einen längeren Zeitraum liefern. Eine optimale, gesunde Sattmacher-Lunchbox enthält deshalb eine Mischung aus folgenden Elementen:

Lunchbox-Elemente

* **gute Kohlenhydrate (Vollkornbrot, herzhafte oder süße Muffins ohne Zuckerzusatz, selbst gemachte Waffeln, Energie-Kugeln oder Riegel, Hülsenfrüchte in Form von Hummus)**
* **gesunde Proteinquellen (Käse, Joghurt, Frischkäse, Putenfleisch, Hülsenfrüchte in Form von Hummus)**
* **hochwertige Fette (Avocado, Pflanzenöle, Nüsse)**
* **Vitamine (frisches Obst und Gemüse)**

Süßigkeiten und andere Lebensmittel mit viel Zucker sind nicht empfehlenswert für die Brotbox. Sie machen nicht satt, sondern sorgen eher für Heißhungerattacken. Sie sollten eher die Ausnahme zu besonderen Gelegenheiten sein.

Die Lunchbox unbedingt mit einem Getränk (Wasser oder ungesüßter Tee) anbieten!

Lunchbox-Utensilien

Was ich zum Verpacken und Servieren von Essen für unterwegs praktisch finde:

* **BPA- und schadstofffreie Lunchboxen aus Edelstahl oder hochwertigem Kunststoff**
* **Zahnstocher, Holzspieße, Eisstiele**
* **bunte Piekser („Food Picks“) oder kleines Besteck (das erste Babybesteck eignet sich prima zum Mitnehmen für die Größeren)**
* **kleine Ausstechformen (Kreise, Herzen oder Sterne)**
* **Mini-Dosen oder Silikonformen zum Trennen verschiedener Snacks in der Lunchbox**

Zucchini-Knabberbrötchen
(siehe S. 35)
Erdbeeren mit Mandelmus
BOX 1
Kürbis-Waffeln
(siehe S. 38)

BOX 2

Brokkoli-Mais-Muffins (siehe S. 32)

Gurken-„Sandwiches“ (siehe Klappe)

Mini-Müsli-Kugeln (siehe S. 79; alternativ Nussmix)

Obstspieß (siehe Klappe)

Dinkelhörnchen
(siehe S. 61;
optional mit Käse belegen)
Möhren-Hummus
(siehe S. 104)
Rohkost-Sticks
(Paprika, Gurke, Karotte, ...)
Schoko-Banane-Oat-Muffin
(siehe S. 67)
BOX 3

SACHREGISTER

Fettungen weisen auf Informationen für Baby-led Weaning (BLW) und Beikostbeginn hin

A / B

Alltagstipps 14 f.
Apfelmark 13, 18, 23
Ausnahmen 12 ff., 20
Autonomiephase 16
Baby-led Weaning (BLW) 24–27
Backpapier-Trick 19
Backpulver 22
Ballaststoffe 9f., 13, 21, 23
Beikostbeginn, -reife 24–27
Belohnung 11, 15
Blutzuckerspiegel 8f., 13, 21
Brühe **19**

D / E / F / G

Dinkelmehl 23
Ei-Ersatz 23
Eier 25
Einkaufstipps 15, 20 f.
Emotionales Essen 15
Energiebedarf 5, 8f., 26, 114
Erste Hilfe 27
Familienküche 11, 14, 17, 20, 24, 27
Fette und Öle 9f., 18, 21, **26**
Geschmacksentwicklung 11, 13, 16, 21
Gesund süßen 13
Getränke 10, 15, 25f.
Gewürze 22, **25**

H / K / L / M / N / Ö

Hand-Augen-Mund-Koordination 24
Handmaß 12
Honig und Ahornsirup 25
Kohlenhydrate 9f., 114
Lunchboxen 19
Meal Prep 15
Milchalternativen *(siehe Pflanzendrinks)*
Milchprodukte 26
Mineralstoffe 13
Nährstoffe 5, 9f., 17, 19, 23, **26**, 114
Naschen 11–15
Neophobie 11, 16
Nüsse und Nussmus 10, **18, 25**

P / R / S / T

Pflanzendrinks 18, 26
Picky Eating 16 f.
Protein 9f., 26, 114
Regeln 12–15
Reiswaffeln 23
Rituale 14
Rohe Lebensmittel 25
Salz 20, 23, **25**
Schokolade 19
Sicherheitsmaßnahmen 27
Snack-Check 21
Stillen 26
Süßigkeiten 5, 9, **11**–15, 21, 114
Süßstoffe 13
Süßungsmittel 13
Tomatensauce, Passata 18
Trockenfrüchte 13, 18, 20, 22

Ü / V / W / Z

Übergewicht 9, 15
Ungeeignete Lebensmittel für Babys 25
Unterwegs 19 ff., 114–117
Vanille 22
Verschlucken 27
Vitamine 5, 9, 13, 20, 22, 114
Wurst 25
Zimt, Ceylon- 18, 22
Zucker(frei) 9, 12f., 18, 20f., 25
Zuckeraustauschstoffe 13, 20
Zungenstoßreflex 24
Zwischenmahlzeiten 8f., 20

HINWEIS

REZEPTREGISTER

A

ÄPFEL UND APFELMARK

Apfel-„Donuts“ *Buchklappe*
Apfel-Flapjacks 51
Apfelring-Pancakes 72
Apple-Crumble-Joghurt 106
Beeren-Kokos-Riegel 51
Birnenschmarrn mit Grieß 85
Frozen-Joghurt-Bars 81
Fruchtige Mini-Pizzas 90
Milchreis-Apfel-Puffer 89
Mini-Müsli-Kugeln 79, 116
Möhren-Kugeln 79
Möhrenkuchen-Porridge 82
Pancake Cereal 95
Selbst gemachter Ketchup 103
Süßkartoffel-Apfel-Oat-Muffins 67
Süßkartoffel-Kaiserschmarrn 58
Überbackene Brotschnitten 48
Zucchini-Gugelhupf 110
Zuckerfreies Apfelbrot 68

AVOCADO

Avocado-Röllchen à la Arme Ritter 36
Bunte Gemüseplatte mit Dips 104
Gemüse-Pfannkuchen-Rollen 57

Arme Ritter, Avocado-Röllchen à la 36

B

BÄLLCHEN, BALLS & KUGELN

Energie-Kugeln 78, 114
Knusprige Hähnchenbällchen mit Gemüse 102
Mini-Müsli-Kugeln 79, 116
Quinoa-Balls 42

BANANEN

Bananen-Lollis *Buchklappe*
Bananen-Riegel 50
Bananen-Schoko-Topping 111
Blaubeer-Bananenkuchen 109
Cookie-Joghurt 107
Erdnuss-Bananen-Brötchen 92
Granola-Cups mit Nicecream 71
Joghurt-Himbeer-Kuchen 86
Mango-Häppchen 65
Ofen-Pancake-Kuchen 112
Schoko-Banane-Oat-Muffins 67, 117
Smoothies *Buchklappen*
Süße Haferkekse 75
Süßes Pfannenbrot 91

BEEREN

Beeren-Kokos-Riegel 51
Bircher Müsli mit Blaubeeren und Pflaumen 107
Blaubeer-Bananenkuchen 109
Blaubeer-Konfitüre 97
Erdbeer-Tiramisu 106
Erdbeeren mit Mandelmus 115
Frisches Früchtebrot *Buchklappe*
Frozen-Joghurt-Bars 81
Fruchtige Mini-Pizzas 90
Haferflocken-Beeren-Scones 76
Himbeer-Kokos-Kugeln 78
Himbeer-Overnight-Oats 66
Joghurt-Himbeer-Kuchen 86
Obst-Spieße 116, *Buchklappe*
Ofen-Pancake-Kuchen 112
Pfannkuchen-Spieße *Buchklappe*
Rosa Smoothie *Buchklappe*
Schoko-Banane-Oat-Muffins 67, 117
Süßkartoffel-Apfel-Oat-Muffins 67

Bircher Müsli mit Blaubeeren und Pflaumen 107
Birnenschmarrn mit Grieß 85
Blumenkohl-Kartoffel-Puffer 54

BROKKOLI

Brokkoli-Mais-Muffins 32, 116
Gemüsekuchen-Schnitten 45
Knusprige Hähnchenbällchen mit Gemüse 102
Mini-Dinkelpizzas 100

BROT, BRÖTCHEN & CO.

Erdnuss-Bananen-Brötchen 92
Haferflocken-Beeren-Scones 76
Herzhafte Dinkelhörnchen 61, 117
Saftiges Möhrenbrot 45, *Buchklappe*
Süßes Pfannenbrot 91
Überbackene Brotschnitten 48
Zucchini-Knabberbrötchen 35, 115
Zuckerfreies Apfelbrot 68

C / D

CHIASAMEN

Blaubeer-Konfitüre 97
Hirse-Mango-Overnight-Oats 66
Smoothies *Buchklappen*

Chips, Mini-Rösti- 39
Cereal, Pancake 95

Cookie-Joghurt 107
DATTELN UND DATTELPASTE
Apfel-Flapjacks 51
Bananen-Schoko-Topping 111
Beeren-Kokos-Riegel 51
Blaubeer-Konfitüre 97
Dattelpaste zum Süßen 96
Gefüllte Datteln *Buchklappe*
Himbeer-Kokos-Kugeln 78
Mini-Müsli-Kugeln 79, 116
Möhren-Kugeln 79
Ofen-Pancake-Kuchen 112
Schoko-Mandel-Kugeln 78
Selbst gemachter Ketchup 103
Zucchini-Gugelhupf 110
DIPS *(siehe Saucen, Pasten und Dips)*
Dinkelhörnchen, Herzhafte 61, 117
Dinkelpizzas, Mini- 100

E / F / G
Ei, Hühner- *Buchklappe*
EIS, NICECREAM
Frozen-Joghurt-Bars 81
Granola-Cups mit Nicecream 71
Energy Balls/Energie-Kugeln 78
Erdbeer-Tiramisu 106
Erdnuss-Bananen-Brötchen 92
Flapjacks, Apfel- 51
Frittata-Muffins 31
Frozen-Joghurt-Bars 81
Früchtebrot, Frisches *Buchklappe*
Gemüse-Pancakes, Koreanische 53
Gemüse-Pfannkuchen-Rollen 57
Gemüsekuchen-Schnitten 45
Gemüseplatte mit Dips, Bunte 104
Granola-Cups mit Nicecream 71
Grieß, Birnenschmarrn mit 85
Gugelhupf, Zucchini- 110
GURKE
Bunte Gemüseplatte mit Dips 104
Gemüse-Pfannkuchen-Rollen 57
Gurken-„Sandwiches“ 116, *Buchklappe*

H / J
HAFERFLOCKEN
Apple-Crumble-Joghurt 106
Bananen-Lollis *Buchklappe*
Bircher Müsli mit Blaubeeren und Pflaumen 107
Cookie-Joghurt 107
Frozen-Joghurt-Bars 81
Fruchtige Mini-Pizzas 90
Granola-Cups mit Nicecream 71
Haferflocken-Beeren-Scones 76
Himbeer-Kokos-Kugeln 78
Mini-Müsli-Kugeln 79, 116
Möhren-Kugeln 79
Möhrenkuchen-Porridge 82
Müsliriegel 50f.
Overnight-Oats und Oat-Muffins 66f.
Rosa Smoothie *Buchklappe*
Schoko-Mandel-Kugeln 78
Süße Haferkekse 75
Zuckerfreies Apfelbrot 68
Hähnchenbällchen mit Gemüse, Knusprige 102
Hirse-Mango-Overnight-Oats 66
Hummus, Möhren- 104, 117, *Buchklappen*
JOGHURT UND SKYR
Apple-Crumble-Joghurt 106
Bircher Müsli mit Blaubeeren und Pflaumen 107
Blaubeer-Bananenkuchen 109
Cookie-Joghurt 107
Erdbeer-Tiramisu (Skyr) 106
Frisches Früchtebrot (Skyr) *Buchklappe*
Frozen-Joghurt-Bars 81
Fruchtige Mini-Pizzas 90
Granola-Cups mit Nicecream 71
Himbeer-Overnight-Oats 66
Joghurt-Himbeer-Kuchen 86
Joghurt im Glas 106
Mango-Häppchen 65
Möhrenkuchen-Porridge 82

K
(Kaiser)schmarrn, Birnen- mit Grieß 85
Kaiserschmarrn, Süßkartoffel- 58
KARTOFFELN UND SÜßKARTOFFELN
Blumenkohl-Kartoffel-Puffer 54
Mini-Rösti-Chips 39
Süßkartoffel-Apfel-Oat-Muffins 67
Süßkartoffel-Kaiserschmarrn 58
Kekse, Süße Hafer- 75
Ketchup, Selbst gemachter 103
KOKOSRASPELN
Apfel-„Donuts“ *Buchklappe*
Apfel-Flapjacks 51
Bananen-Lollis *Buchklappe*

Beeren-Kokos-Riegel 51
Erdbeer-Tiramisu 106
Himbeer-Kokos-Kugeln 78
Himbeer-Overnight-Oats 66
Mango-Häppchen 65
Rosa Smoothie *Buchklappe*
Schoko-Mandel-Kugeln 78
Konfitüre, Blaubeer- 97
Koreanische Gemüse-Pancakes 53
KUCHEN
Blaubeer-Bananenkuchen 109
Joghurt-Himbeer-Kuchen 86
Ofen-Pancake-Kuchen 112
Zucchini-Gugelhupf 110
Zuckerfreies Apfelbrot 68
Kürbis-Waffeln 38, 115

L / M

Lasagne-Muffins, Spinat-Ricotta- 99
Lunchbox-Ideen 114
MAIS
Brokkoli-Mais-Muffins 32, 116
Gemüsekuchen-Schnitten 45
Mini-Dinkelpizzas 100
MANDELN, NÜSSE UND NUSSMUS
Apfel-„Donuts" *Buchklappe*
Apple-Crumble-Joghurt 106
Bananen-Riegel 50
Bananen-Lollis *Buchklappe*
Bircher Müsli mit Blaubeeren und Pflaumen 107
Cookie-Joghurt 107
Erdbeeren mit Mandelmus 115
Erdnuss-Bananen-Brötchen 92
Frisches Früchtebrot *Buchklappe*
Frozen-Joghurt-Bars 81
Fruchtige Mini-Pizzas 90
Gefüllte Datteln *Buchklappe*
Granola-Cups mit Nicecream 71
Mango-Häppchen 65
Möhrenkuchen-Porridge 82
Möhren-Kugeln 79
Himbeer-Kokos-Kugeln 78
Obst-Spieße 116, *Buchklappe*
Ofen-Pancake-Kuchen 112
Pfannkuchen-Spieße *Buchklappe*
Schoko-Mandel-Kugeln 78
Smoothies *Buchklappen*
Zuckerfreies Apfelbrot 68
MANGO
Hirse-Mango-Overnight-Oats 66
Mango-Häppchen 65
Süße Haferkekse 75
Marmelade: Blaubeer-Konfitüre 97
MÖHREN
Brokkoli-Mais-Muffins 32, 116
Bunte Gemüseplatte mit Dips 104
Herzhafte Möhren-Riegel 51
Knusprige Hähnchenbällchen mit Gemüse 102
Koreanische Gemüse-Pancakes 53
Möhren-Hummus 104, 117, *Buchklappen*
Möhren-Kugeln 79
Möhrenkuchen-Porridge 82
Saftiges Möhrenbrot 45, *Buchklappe*
Spaghetti-Muffins 62
Überbackene Brotschnitten 48
MÜSLI
Bircher Müsli mit Blaubeeren und Pflaumen 107
Mini-Müsli-Kugeln 79, 116
Pancake Cereal 95
MUFFINS
Blaubeer-Bananenkuchen (BLW-Baby) 109
Brokkoli-Mais-Muffins 32, 116
Frittata-Muffins 31
Joghurt-Himbeer-Kuchen (BLW-Baby) 86
Schoko-Banane-Oat-Muffins 67, 117
Spaghetti-Muffins 62
Spinat-Ricotta-Lasagne-Muffins 99
Süßkartoffel-Apfel-Oat-Muffins 67
Zuckerfreies Apfelbrot (Variante) 68

N / O

NÜSSE UND NUSSMUS *(siehe Mandeln)*
Oat-Muffins 67
Obst-Spieße 116, *Buchklappe*
Ofen-Pancake-Kuchen 112
Overnight-Oats 66

P

Pancake Cereal 95
PAPRIKA
Brokkoli-Mais-Muffins 32, 116
Frittata-Muffins 31
Gemüse-Pfannkuchen-Rollen 57
Mini-Dinkelpizzas 100
Möhren-Hummus 104, 117, *Buchklappen*
Pfannenbrot, Süßes 91

PFANNKUCHEN UND PANCAKES
Apfelring-Pancakes 72
Gemüse-Pfannkuchen-Rollen 57
Koreanische Gemüse-Pancakes 53
Mango-Häppchen 65
Ofen-Pancake-Kuchen 112
Pancake Cereal 95
Pfannkuchen-Spieße *Buchklappe*
Pflaumen, Bircher Müsli mit Blaubeeren und 107
PIZZA
Fruchtige Mini-Pizzas 90
Mini-Dinkelpizzas 100
Zwieback-Pizzas 49
Porridge, Möhrenkuchen- 82
PUFFER
Blumenkohl-Kartoffel-Puffer 54
Milchreis-Apfel-Puffer 89
Zucchini-Puffer 41

Q / R / S
Quinoa-Balls 42
Ricotta-Lasagne-Muffins, Spinat- 99
Riegel 50f.
Rösti-Chips, Mini- 39
SAUCEN, PASTEN UND DIPS
Avocado-Pesto-Dip 104
Bananen-Schoko-Topping 111
Dattelpaste zum Süßen 96
Möhren-Hummus 104, 117, *Buchklappen*
Selbst gemachter Ketchup 103
Tomatensauce 101
Scones, Haferflocken-Beeren 76
Smoothies *Buchklappen*
Spaghetti-Muffins 62
SPINAT
Gemüsekuchen-Schnitten 45
Grüner Smoothie *Buchklappe*
Quinoa-Balls 42
Spinat-Ricotta-Lasagne-Muffins 99
SÜßKARTOFFELN
Süßkartoffel-Apfel-Oat-Muffins 67
Süßkartoffel-Kaiserschmarrn 58

T
Tiramisu, Erdbeer- 106
TOMATEN
Mini-Dinkelpizzas 100
Selbst gemachter Ketchup 103
Spaghetti-Muffins 62
Spinat-Ricotta-Lasagne-Muffins 99
Tomatensauce 101
Zwieback-Pizzas 49

W / Z
Waffeln, Kürbis- 38, 115
ZUCCHINI
Koreanische Gemüse-Pancakes 53
Zucchini-Gugelhupf 110
Zucchini-Knabberbrötchen 35, 115
Zucchini-Puffer 41
Zuckerfreies Apfelbrot 68
Zwieback-Pizzas 49

QUELLENANGABEN

1 (S. 8): Abou-Dakn, M., Alexy, U., Beyer, K. et al. Ernährung und Bewegung im Kleinkindalter. Aktualisierte Handlungsempfehlungen des bundesweiten Netzwerks Gesund ins Leben. Monatsschr Kinderheilkd (Sonderdruck Juni 2022), 4. Abgerufen 15.06.23 unter: https://www.gesund-ins-leben.de/fuer-fachkreise/ernaehrung-und-bewegung-fuer-kleinkinder/handlungsempfehlungen/essen-lernen/gemeinsame-mahlzeiten/

2 (S. 17): Abou-Dakn, M., Alexy, U., Beyer, K. et al. Empfehlungen zu Ernährung und Bewegung von Kleinkindern. Monatsschr Kinderheilkd 170, 925–928 (2022). Abgerufen 15.06.23 unter: https://link.springer.com/article/10.1007/s00112-022-01573-x#citeas

3, 4 (S. 23): Fecher, P., Lepper, H., Habernegg, R. Untersuchung von anorganischem Arsen in Kindernahrung – Untersuchungsergebnisse 2010 und 2011. Bayerisches Landesamt für Gesundheit und Lebensmittelsicherheit. Abgerufen 15.06.23 unter: https://www.lgl.bayern.de/lebensmittel/chemie/schwermetalle/arsen/arsen_in_kindernahrung.htm

5 (S. 26): Ausgewählte Fragen und Antworten zur veganen Ernährung. Deutsche Gesellschaft für Ernährung e.V. (DGE). Abgerufen 15.06.23 unter: https://www.dge.de/gesunde-ernaehrung/faq/faqs-vegane-ernaerung/

NÜTZLICHE ADRESSEN

- Berufsverband Oecotrophologie e.V. (VDOE): *www.vdoe.de*
- Bundeszentrum für Ernährung: *www.bzfe.de*
- Deutsche Gesellschaft für Ernährung e.V. (DGE): *www.dge.de*
- Deutsche Gesellschaft für Kinder- und Jugendmedizin (DGKJ): *www.dgkj.de*
- Netzwerk zur Förderung der frühkindlichen Gesundheit: *www.gesund-ins-leben.de*
- Neues Forschungsdepartment Kinderernährung (FKE): *www.fke-shop.de/*
- Verband der Diätassistenten (VDD): *www.vdd.de*
- Vereine für unabhängige Gesundheitsberatung (UGB): *www.ugb.de*

MARIAS LIEBLINGSEXPERT*INNEN

- Larissa Meier I Notfallsanitäterin, Erste Hilfe Ausbilderin, Autorin „Erste Hilfe für dein Kind“: @erstehilfekind, *https://erstehilfekind.de/*
- Tanja Bolhuis-Fisser I Pädagogin, Coach für friedvolle Elternschaft (FREL): @kinderverstehen_elternstaerken, *www.kinderverstehen-elternstaerken.de*
- Vera Asam I Expertin für vegane Ernährung, Autorin „Vegan Parenting. Ratgeber & Rezepte für Schwangerschaft, Stillzeit, Beikost“: @veri_awesome
- Dr. med. Snježana-Maria Schütt I Kinderärztin: @die_kinderherztin, *https://die-kinderherztin.de/* Gründerin @erstehilferettetleben, *https://erste-hilfe-rettet-leben.de/*
- Franziska-Beatrice Fiedler I Stillberaterin: @mami.hat.recht, *www.stillberatung-fbf.de/* Gründerin BFB Institut für bindungsorientierte Familienbegleitung (zertifizierte Beratung zu Schlaf, Stillen, Beikost): *www.bfb-institut.de*

Danke ...

... an meine Familie, meinen Mann, meine Eltern, Schwestern und Schwiegereltern dafür, dass ihr mich in allem unterstützt, was ich tue. Ihr habt immer an mich geglaubt, auch an schlechten Tagen. Vielen Dank, dass ihr mir so viel Liebe schenkt.

... an alle, die mich täglich in den sozialen Medien begleiten und meine Arbeit schätzen, und an alle Familien, die ich durch die Beikost- und die „Picky Eating“-Zeit begleiten durfte. Es ist mir eine Freude, euch Mut zu machen.

... an meinen Schatz Sophia. Wenn du das liest, musst wissen, wie stolz ich auf dich bin. Du bist das Schönste und zugleich das Herausforderndste in meinem Leben! Ohne dich wäre ich nicht da, wo ich jetzt stehe. Du hast mich als Frau und Mama inspiriert, mutiger zu sein, einfach Dinge auszuprobieren und mich dabei weiterzuentwickeln. Du wirst immer weiterwachsen, wirst größer werden. Ich tue es auch, indem ich mit dir wachse und viel dazulerne. Ich hoffe, dass dir deine bisherigen Erfahrungen in unserer Küche, beim Kochen und beim Mithelfen später positiv in Erinnerung bleiben. Ich liebe dich sehr. Deine Mama

ZUR AUTORIN

Maria Serdarusic ist ausgebildete Gesundheits- und Krankenpflegerin. 2019 startete sie ihren Blog „Mama kocht breifrei", um ihre Erfahrungen mit der breifreien Beikost-Ernährung ihrer Tochter mit anderen Eltern zu teilen. „Baby-led Weaning" (BLW) wurde immer beliebter, Serdarusics Followerschaft wuchs und ihre Breifrei-Begeisterung hielt an. Also ließ sie sich als Fachkraft für babygeleitete Beikost zertifizieren und machte eine Ausbildung zur Ernährungsberaterin für Säuglinge und Kleinkinder. Seitdem bietet Serdarusic u. a. Online-Workshops zum Thema Kinderernährung an. Sie lebt mit ihrer Familie in der Pfalz.

Weitere Bücher der Autorin:

→ Mama kocht breifrei

FOOD FOTOS

Im Buch enthaltene Fotos können zur eigenen Nutzung erworben werden unter ***www.stockfood.de***

IMPRESSUM

Hinter jedem tollen Buch steckt ein starkes Team

Projektleitung: *Ina Stewart*
Konzeption: *Isabella Thiel, Ina Stewart*
Texte: *Maria Serdarusic, Jutta Schmolke*
Rezepte: *Maria Serdarusic*
Lektorat: *Jutta Schmolke*
Covergestaltung: *Julia Hollweck*
Grafische Gestaltung und Satz: *Julia Hollweck*
Illustrationen: *Julia Hollweck; andere s. Bildnachweis*
Foodfotografie: *Katrin Winner*
Foodstyling: *Gerlinde Hans, Daniel Schwarz*
Herstellung: *Frank Jansen*
Producing: *Jan Russok*
Druck & Bindung: *optimal media Gmbh, Röbel*

2. Auflage 2025

Neumühlen 17, 22763 Hamburg
ISBN: 978-3-96584-340-0
Redaktionsanschrift:
ZS, Edel Verlagsgruppe GmbH,
Kaiserstraße 14b, 80801 München
www.zsverlag.de/kontakt
www.edelverlagsgruppe.de/kontakt

BILDNACHWEIS

Coverbild, S. 2 (o.), 3 (u.), 11, 16, 26: Maria Serdarusic; S. 2 (u.), 3 (o.), 4, 6, 8, 14, 22, 28, diese Seite: Tamara Maria Cornelia Würzburger; Illustrationen Avocado, Banane, Blaubeeren, Brokkoli, Erbsen, Kiwi, Mandarinen, Mandeln, Melone: Shutterstock: annanormal; Aquarellhintergrund: Shutterstock: vector illustration; S. 27: Shutterstock: megsyl

LIEBE LESERINNEN, LIEBE LESER,

wie schön, dass Sie ein Buch von ZS in den Händen halten. „Jetzt leben!“ ist das Motto unseres Verlages. Es steht für Genuss und Inspiration, Unterstützung und Motivation. Ob Kulinarik oder Fitness, Gesundheit oder Lebenshilfe – seit über 30 Jahren bieten wir kompetente Ratgeber für (fast) alle Lebenslagen. Wir lieben Tradition genauso wie Innovation – sie treiben uns an. Unsere Autorinnen und Autoren sind Menschen, die zu ihrem Thema wirklich etwas zu sagen und zu schreiben haben. Unsere Produkte sind erzählerisch, appetitmachend und als gedruckte Bücher haptisch echte Erlebnisse. Für Sie mit ganz viel Liebe gemacht! Entdecken Sie mehr aus unserer wunderbaren Welt!

UNSER VERLAGSHAUS

Mit Standorten in Hamburg und München zählt die Edel Verlagsgruppe zu den größten unabhängigen Buchanbietern Deutschlands. Zur Gruppe gehören die Verlage Dr. Oetker Verlag, Edel Sports, KARIBU und ZS.

ZS – Ein Verlag der Edel Verlagsgruppe
www.zsverlag.de
www.facebook.com/zsverlag
www.instagram.com/zsverlag

NEWSLETTER

Was koche ich heute Feines? Und wie geht das – schmackhaft und gesund?

Melden Sie sich jetzt zum ZS-Genuss-Service an und verpassen Sie keine kulinarischen und gesundheitlichen Trends mehr.
Wir informieren Sie regelmäßig über unsere Neuerscheinungen, Aktionen oder Gewinnspiele und verraten Ihnen unsere Lieblingsrezepte!

GEWINNEN

Unter allen Neuabonnierenden verlosen wir jeden Monat eine *ZS-Genuss-Box* im Wert von 75,00 €.

Jetzt anmelden unter:
www.zsverlag.de/newsletter
oder den QR Code scannen:

ANMELDEN!